QUE SA

La spiritualité

RAYMOND DARRICAU

BERNARD PEYROUS

Troisième édition corrigée

14ᵉ mille

ISBN 2 13 043250 6

Dépôt légal — 1re édition : 1988
3e édition corrigée : 1994, janvier

© Presses Universitaires de France, 1988
108, boulevard Saint-Germain, 75006 Paris

INTRODUCTION

Ce qu'on entend par « Spiritualité »

Le terme « spiritualité », très employé aujourd'hui, est une des expressions de la langue française contemporaine malaisée à définir. Il faut pourtant s'entendre sur un langage commun sous peine de ne pouvoir aller bien loin. Dans ce domaine, l'histoire de l'expression est pleine d'enseignements.

L'adjectif « spirituel » apparaît en français au XIIIe siècle, dérivant du latin ecclésiastique *spiritualis*. Il s'agit de désigner quelque chose qui est de l'ordre de l'esprit, qui dépasse la matière. Le terme « spiritualité » apparaît au XVIe siècle. Il est alors relié à tout un arrière-plan anthropologique chrétien : l'homme est formé d'âme et de corps. Le corps est un principe matériel, tangible, soumis aux lois de l'espace. L'âme est un principe spirituel, qui a ses lois propres. L'essentiel de la vie religieuse se passe dans l'âme, qui est immortelle, même si le corps y participe à sa manière. Par dérivation, on prit vite l'habitude de connoter le terme « spirituel » non pas seulement à la vie de l'âme, mais aussi à celle de l'intelligence. Et, dans le premier tiers du XVIIe siècle, « spirituel » se mit à désigner ce qui est intelligent, puis ce qui est brillant. On assista alors à une extension progressive de l'expression, extension qui s'est continuée jusqu'à nous.

Une enquête rapide dans les dictionnaires courants montre immédiatement que les termes « spirituel » et « spiritualité » ont donc différents sens, mais reliés cependant entre eux. D'une manière générale, élargie, on entend par « spirituel » ce qui a rapport à l'esprit. L'esprit est ainsi opposé à la matière. L'esprit désigne généralement l'intelligence, mais ce peut être un principe intérieur de vie et de gouvernement de soi. On est ici très proche de la morale. La vie spirituelle pourra être alors, soit la vie de la pensée, soit la vie morale. Disons de suite que nous n'adopterons pas ici ce sens élargi.

Une seconde définition du mot « spiritualité » est plus courante, et la met en rapport avec la vie religieuse conçue sous son aspect le plus intime, le plus intérieur. Le phénomène religieux est complexe chez l'homme. Il peut prendre des formes superficielles et extérieures à l'individu. Mais il est, souvent, fortement vécu et intériorisé. Il touche alors le centre, le cœur de la personne, et il produit dans son organisme intérieur toute une série d'effets. On peut parler ici comme synonymes, soit de vie spirituelle, soit de vie intérieure. A la limite, on dira que cette vie intérieure est, chez l'être humain, la plus importante, et que tout le reste en découle. La vie spirituelle est alors la vie de l'âme avec son Dieu, ou, plus justement, la vie de Dieu dans l'intime du sujet religieux. C'est un dialogue qui se situe à un niveau profond, radical, et dont la forme peut varier en fonction des diverses religions, de l'âge, des dispositions personnelles, et aussi des avancées et des reculs. On estime ainsi que l'homme est un grand mystère, et que le monde intérieur est aussi intéressant à explorer que le monde extérieur. Dans ce monde intime, le dialogue de l'homme avec Dieu obéit à des lois que l'on a peu à peu appris à connaître. La spiritualité désigne donc tout ce qui a rapport à la vie de Dieu dans l'âme de l'être humain. C'est ce sens que nous allons retenir dans le présent ouvrage.

Nous disions il y a un instant que l'expression « spiritualité » date du XVIe siècle. Auparavant, on connaissait, bien entendu, cette vie de Dieu dans l'âme de l'être humain, mais on la désignait par d'autres termes. Le plus utilisé dans le passé a été celui de « mystique », qui apparaît dès le IIIe siècle dans l'ambiance chrétienne. A partir du IVe siècle, on commença à parler de « théologie mystique ». En gros, la signification de l'expression recouvre alors ce que nous désignons maintenant par « spiritualité » ou « vie spirituelle ». « Théologie mystique » a été utilisé très largement, jusque tard dans le XVIIIᵉ siècle. Il a été progressivement abandonné à la suite d'un rétrécissement du sens du mot « mystique ». Celui-ci désignait, dans un premier temps, tous les aspects, pratiques et spéculatifs, de la vie de Dieu dans l'être religieux. Mais, peu à peu, son sens s'est restreint, et la mystique en est venue à désigner seulement les manifestations extraordinaires de l'action de Dieu : extases, visions, etc. Aussi, à la « théologie mystique », qui ne s'occupait plus que des états intérieurs les plus relevés, s'ajouta, à partir du milieu du XVIIᵉ siècle, la « Théologie ascétique ». Celle-ci désignait la première période de la vie spirituelle, celle des préparations à l'union mystique. Cette partition de la vie spirituelle en ascétique et en mystique s'imposa, et on la retrouve très avant dans le XXᵉ siècle, comme dans le célèbre ouvrage du Sulpicien Tanquerey, *Précis de Théologie ascétique et mystique,* Paris, 1923, dont les diverses éditions nourrirent des générations de prêtres et de laïcs, ou dans le sous-titre même du grand *Dictionnaire de spiritualité ascétique et mystique* (1937).

La partition de la spiritualité sembla donc, pendant longtemps, une chose admise et indiscutable. Mais elle présentait des inconvénients, auxquels on se montra de plus en plus sensibles. Il semblait que toute la vie spirituelle devait aboutir aux états mystiques, conçus eux-mêmes d'une manière étroite. Mais, de fait, tout le monde ne semble pas y parvenir. Etait-on donc condamné à demeurer dans la voie ou dans l'état ascétique sans pouvoir aller plus loin ? Cet état ascétique se présentait lui-même sous la forme d'un combat, d'un effort, qui ne semblait pas toujours déboucher vers le haut. Bien sûr, il ne faut pas trop forcer les traits, mais il apparut que le terme « vie spirituelle » ou « spiritualité » était plus large, plus compréhensif, plus ouvert à une conception de la vie en Dieu qui pouvait dépasser des cadres peut-être parfois trop soigneusement établis. Dès avant la première guerre mondiale, on voit de plus en plus d'auteurs modifier le vocabulaire ancien, et le processus se précise après le conflit. Ainsi, P. Pourrat appelle-t-il *La Spiritualité chrétienne* un ouvrage paru en 4 volumes de 1918 à 1928, et qui servira longtemps de référence historique. En 1919, les Dominicains lancent de même le périodique *La Vie spirituelle,* qui continue encore, tandis que les Jésuites lancent la *Revue de spiritualité ascétique et mystique* (1920-1977). Actuellement, l'expression « spiritualité » est universellement reçue, et l'expression « mystique » est réservée à cette partie de la spiritualité qui touche les états intérieurs les plus profonds, et en même temps les plus spectaculaires. Le terme « ascèse » est, pour sa part, moins employé, et l'expression « théologie ascétique » ne l'est, pour ainsi dire, plus du tout.

Comme on a pu le remarquer, cette évolution sémantique s'est produite uniquement à l'intérieur d'un cadre culturel chrétien et, plus particulièrement, catholique. Mais aujourd'hui d'importantes précisions se sont ajoutées à cette description. En effet, on considère parfois qu'en toute religion il y a un au-delà mystique. Chacune d'entre elles est constituée par un corps de croyances. Si le fidèle vit sincèrement cette religion il accéderait, dans certains cas, à une authentique vie spirituelle dont les manifestations seraient, au fond, les mêmes d'une religion à l'autre.

Nous touchons là à une question délicate dont la solution n'est pas simple. Nous ne voudrions pas nier des ressemblances ou des rencontres, mais il paraît honnête également de prendre en compte les spécificités. C'est pourquoi il nous semble bien, en dépit des points de rencontres, qu'il y a une vie spirituelle chrétienne tout à fait autonome parce qu'elle est spécifiée par la présence du Christ à travers toutes les étapes de cette vie. Dans cette perspective notre volume n'entend pas constituer une phénoménologie de la vie spirituelle à la manière d'une typologie qui prétendrait transcender toutes les croyances. Nous adopterons donc les vues de Rudolf Otto, le comparateur de Çankara et de Maître Eckart[1], et de Louis Bouyer[2]. Le mot « spiritualité » gardera ici son sens habituel de spiritualité chrétienne, et plus spécifiquement catholique. Nous renvoyons aux volumes de la collection « Que sais-je ? » concernant les autres religions non chrétiennes.

Les sources pour l'histoire de la spiritualité

La nature particulière de la vie spirituelle impose de dire quelques mots sur les informations dont nous disposons pour la connaître. Les sources en sont multiples.

Le document idéal est constitué par le témoignage des personnes ayant vécu des expériences spirituelles et les ayant décrites. Les journaux spirituels, les autobiographies et les correspondances constituent ainsi des sources de premier ordre. Il y en a des milliers. Parmi les plus connus, citons les *Confessions* de saint Augustin, *La Vie écrite par elle-même* de sainte Thérèse d'Avila, ou, plus près de nous, l'*Histoire d'une âme* de Thérèse de Lisieux ou *Le Journal de l'âme* du pape Jean XXIII.

1. Rudolf Otto, *Mystique d'Orient et mystique d'Occident*, trad. franç., Paris, 1951.
2. Louis Bouyer, *Introduction à la vie spirituelle*, Paris, 1960.

Il y a ensuite les récits faits par des témoins : récits de martyres, vies de saints personnages, récits d'amis, de confesseurs, etc. C'est encore un genre étendu et complexe, qui véhicule des choses fort diverses. Mais, avec une bonne méthode et certaines précautions, il peut y avoir beaucoup à prendre.

A partir de ces documents de base, il y a des études, les écrits réflexifs sur les personnages spirituels : il peut s'agir de vies ou, plus récemment, d'enquêtes en vue d'établir la sainteté de tel ou tel.

Et, enfin, il existe une littérature d'ordre spirituel ou théologique, qui prend la forme d'ouvrages destinés à aider ceux qui s'engagent dans la vie spirituelle — là aussi, il en existe des centaines — ou de véritables traités. On est alors passé au stade de l'élaboration théorique. Le XVIe et le XVIIe siècle, plus près de nous le XXe, ont produit de nombreux traités de tous ordres. Le grand *Dictionnaire de spiritualité* est un peu l'émanation et la synthèse de tout ce qui précède.

Nous ne manquons donc pas d'informations sur la vie spirituelle. C'est un monde dans lequel, avec la rigueur d'usage en de tels sujets, il est possible d'entrer. Le présent ouvrage voudrait en évoquer quelques contours.

CHAPITRE PREMIER

LE PREMIER PARTENAIRE : DIEU

Quand on parle de spiritualité, le premier réflexe de l'homme contemporain est de partir de lui-même, et d'étudier ses états intérieurs. Cependant, pour comprendre ce qui se passe en fait, un recentrage s'avère nécessaire. Autrefois, une étude de la vie spirituelle aurait pu partir plus facilement du sujet humain, parce qu'on disposait en arrière-fond de notions assez précises sur Dieu. Ce n'est plus, sauf exception, le cas aujourd'hui. Il faut donc parler en commençant, du premier personnage qui intervient en spiritualité, c'est-à-dire Dieu.

En effet, on peut concevoir la spiritualité comme une recherche de l'homme, une descente au fond de lui-même. C'est un aspect des choses, mais ce n'est pas le plus fondamental. A s'en tenir à cette attitude, on ne trouvera finalement que soi-même. Le personnage qui a l'initiative et ce, en dépit des apparences, depuis le début, ce n'est pas nous, c'est Dieu. Ce n'est pas d'abord l'homme qui est en quête de Dieu, c'est Dieu qui est en quête de l'homme. Il y a donc un renversement de perspective à opérer au départ. Redisons qu'il y a là comme une révolution par rapport à l'attitude spontanée de l'Occidental actuel. Mais, faute d'entrer dans cette révolution, cette « conversion » première, on comprend seulement un aspect limité de ce qui se passe ensuite. Il importe donc de fixer en premier lieu son regard, son attention et son intelligence, sur Dieu lui-même, afin de voir ce que nous pouvons en dire. Il est bien entendu qu'il s'agira ici de Dieu tel qu'il s'est révélé par l'Ancien et le Nouveau Testament, le Dieu de la Bible et de la tradition judéo-chrétienne.

I. — Du Dieu des philosophes au Dieu de la Bible

Tout le monde connaît les célèbres vers de Voltaire au sujet de l'horloge du monde et de l'horloger qui l'a montée, horloger que nous appelons, par convention, Dieu. On sait aussi que Pascal opposait le Dieu de Jésus-Christ au Dieu des philosophes et des savants. Le Dieu de Voltaire est le créateur de l'univers. Mais une fois celui-ci créé, il n'intervient plus dans sa marche. Nous sommes désormais livrés à nous-mêmes, et il est vain de chercher une finalité transcendante dans ce qui nous arrive. Dieu est sur une autre planète, qui ne communique pas avec la nôtre.

Ce Dieu-là, il est évident qu'on ne le prie pas. Ou du moins, la prière qu'on lui adresse n'est pas au centre de notre vie. On peut parfois lui adresser une liturgie (comme les liturgies révolutionnaires à l'Etre Suprême), mais on n'a pas avec lui un « contact » personnel, une union d'âme. On peut, à la limite, traiter avec lui, mais on ne se donne pas à lui, pas plus qu'il ne se donne à nous. Chacun, dans le meilleur des cas, garde ses distances.

Le Dieu de la Bible est complètement différent. Certes, Dieu se pose comme le tout-autre. Quand il prend l'initiative de parler à Moïse, sur le Sinaï, il se manifeste au milieu des éclairs, du tonnerre et de la nuée, signes d'un être impressionnant et radicalement supérieur à l'homme. Quand il dit quelque chose de lui, il se nomme : « Je suis celui qui suis » (Exode 3, 14), par opposition à l'homme, qui n'est que créature, dépendance, souffle fragile. Dans le livre de la Genèse,

Dieu est décrit comme le créateur, irrité par le péché premier de ses créatures, qui veulent devenir comme lui (« Vous serez comme des Dieux, dit le serpent tentateur au premier couple », Genèse 3, 5). L'homme n'est qu'argile, modelée par ses mains (Genèse 2, 7) et, dans le prophète Isaïe, il parle ainsi : « D'après qui pourriez-vous m'imaginer et qui serait mon égal ? » (Isaïe 40, 25).

Mais ce Dieu complètement différent de l'homme n'est pas non plus inerte. Il se définit aussi comme « le Dieu vivant » (1er livre de Samuel 17, 26, 36, etc.) et le Dieu Saint (Osée 11, 9, etc.) cette sainteté qui n'est pas seulement une pureté absolue et inaccessible, mais aussi une vitalité et une ardeur dévorante. Dieu est ainsi un mouvement, une action, tournée vers l'humanité et, en tout premier lieu, vers le peuple d'Israël, qu'il a choisi et formé. Cet agir de Dieu prend un caractère d'exclusivisme, qui se traduit par le concept de jalousie (Exode 20, 5). Cette jalousie ne doit pas être prise dans le sens restrictif que le mot assume aujourd'hui. Elle traduit plutôt la passion que Dieu met dans tout ce qu'il fait et dans ses rapports avec les êtres et les choses. Aussi Dieu demande-t-il à celui à qui il se manifeste de le reconnaître comme le seul, l'unique Dieu, et de fuir absolument l'idolâtrie, qui est le premier et le plus redoutable péché. Le premier commandement du Décalogue affirme ainsi : « Tu n'auras pas d'autre Dieu que moi » (Exode 20, 5), et les célèbres paroles du Sh'ma Israël que les Juifs répétaient dans leurs prières quotidiennes, portaient sur eux dans des philactères et écrivaient sur leurs maisons, déclarent : « Ecoute Israël : le Seigneur notre Dieu est le Seigneur UN. Tu aimeras Yahvé ton Dieu de tout ton cœur, de toute ton âme et de tout ton pouvoir. Que ces paroles que je te dicte aujourd'hui restent gravées dans ton cœur ! Tu les répéteras à tes fils, tu les leur diras aussi bien assis dans ta maison que marchant sur la route, couché aussi bien que debout ; tu les attacheras à ta main comme un signe, sur ton front comme un bandeau ; tu les écriras sur les poteaux de ta maison et sur tes portes » (Deutéronome 6, 4-9).

Dieu se définit donc comme l'Unique, le Seul, celui qui veut être reconnu comme tel, à l'exclusion de tout autre, et également comme le Puissant, le Vivant, le Créateur et le mainteneur dans l'être de l'univers créé. Mais ce n'est pas tout. Dieu n'est pas seulement, ou n'est pas tellement, un Dieu terrible. S'il apparaît à Moïse dans le feu, il se manifeste au contraire au prophète Elie dans le murmure d'une brise légère (1 Rois 19, 12). En effet, Dieu est surtout bonté, miséricorde, amour et pardon. Déjà, dans le livre de l'Exode, il est ainsi décrit : « Yahvé, Yahvé, Dieu de tendresse et de pitié, lent à la colère, riche en grâce et fidélité, qui garde sa grâce à des milliers, tolère faute, transgression et péché, mais ne laisse rien impuni et châtie la faute des pères sur les enfants et les petits-enfants jusqu'à la troisième et la quatrième génération » (Exode 346-347). Avec le temps, l'aspect de miséricorde, soutenu par tout un vocabulaire très concret, centré sur les termes *rahanim* et *hèsèd,* l'emporte de plus en plus sur celui de la justice, conçue au sens étroit du mot. Au milieu même des châtiments dus à l'infidélité persistante d'un peuple qui se voue à l'idolâtrie, Dieu ne cesse de poursuivre les Juifs de son amour et de sa tendresse pardonnante et compatissante.

Aussi bien, la prière juive est-elle tout imprégnée d'appels à la miséricorde. Les psaumes en sont remplis. Le psaume 51 (50), dit, par exemple :

« Pitié pour moi, ô Dieu, en ta bonté,
en ta grande tendresse efface mon péché,
lave-moi de toute malice,
de ma faute purifie-moi...
Purifie-moi avec l'hysope, et je serai net,
lave-moi, je serai blanc plus que neige.
Rends-moi le son de la joie et de la fête,
et qu'ils dansent, les os que tu broyas ! »

Le peuple juif sait bien qu'en définitive le Seigneur finit toujours par lui pardonner. Aussi chante-t-il sans cesse sa miséricorde et son amour.

Il est important de voir que la révélation du Sinaï ne crée pas seulement un rapport vertical entre le peuple hébreu, et chacun de ses membres en particulier, avec Dieu. A ce rapport vertical s'ajoute aussitôt un rapport horizontal, qui est, d'une certaine manière, la pierre de touche et le terrain d'exercice du premier. Créés par le même Seigneur, les hommes, et singulièrement les Juifs, sont frères. Il doit donc s'instaurer entre eux des rapports d'affection : le livre du Lévitique, entre autres, s'efforce de mettre en place tout un enseignement sur ce point, et déclare ainsi, au milieu d'un ensemble de prescriptions concrètes, et parfois terre à terre : « Tu n'auras pas dans ton cœur de haine pour ton frère... Tu aimeras ton prochain comme toi-même » (Lévitique 19, 17, 18). Amos, le plus ancien des prophètes, va justement reprocher à la Samarie cet oubli des prescriptions touchant au prochain. Et, parce que la violence, l'injustice et le mépris des autres ont remplacé la fraternité due à des créatures de Dieu, Yahvé enverra son redoutable châtiment. La bonne entente entre les frères est ainsi chantée, à plusieurs reprises, dans l'Ancien Testament, et prend une forme magnifique dans le Psaume 133 (132) :

> « Voyez, qu'il est bon, qu'il est doux
> d'habiter en frères tous ensemble !
> C'est une huile excellente sur la tête,
> qui descend sur la barbe,
> qui descend sur la barbe d'Aaron,
> sur le col de ses tuniques.
> C'est une rosée d'Hermon qui descendrait
> sur les hauteurs de Sion ;
> là, Yahvé a voulu la bénédiction,
> la vie à jamais. »

Cet amour reconnaissant que l'homme montre envers Dieu, cet amour des frères, viennent du plus profond de l'être. Ce ne sont pas des actes superficiels. Du reste, on ne tromperait pas Dieu, qui connaît le fond des cœurs. Si les sacrifices sont indispensables, ils ne sont pas ce qu'il y a de plus essentiel. Ce qui compte avant tout, c'est un cœur aimant, purifié, juste, qui adresse à Dieu des actions de grâce.

Dans cette ambiance, toute tournée vers un Dieu proche, la louange occupe une place centrale. Connaître Dieu, c'est l'adorer, et c'est chanter sa gloire et sa puissance. Toute une partie des Ecritures saintes est ainsi composée de textes de louange, à commencer par le livre des Psaumes. Dans les liturgies, la part de la louange est essentielle. Les Juifs pieux ne manquent pas une occasion de rendre gloire à Dieu, de bénir son Nom et de célébrer ses œuvres. L'expression *Alleluia,* par exemple, signifie : *Hallelu - Yah,* c'est-à-dire : « Louez Yah(vé). » La vie du bon Juif est liée à la louange, et Israël est justement, sur la terre, le peuple qui a pour fonction de reconnaître et de louer sans cesse le vrai et Unique Dieu.

II. — Le Dieu de Jésus-Christ

Dans le Nouveau Testament, les perspectives que nous venons de décrire ont été reprises, assumées, mais considérablement prolongées dans une direction qui avait été seulement entrevue. Le peuple juif, en effet, attendait un Messie promis par les prophètes. Il est venu, mais ce qu'il a révélé de Dieu et de lui-même passait largement l'espérance initiale. Pour le saisir, il faut relire le Prologue de l'Evangile de Jean, le disciple qui a le mieux exprimé le mystère du Christ :

> « Au commencement le Verbe était
> et le Verbe était avec Dieu
> et le Verbe était Dieu.
> Il était au commencement avec Dieu.
> Tout fut par lui
> et sans lui rien ne fut.
> De tout être il était la vie
> et la vie était la lumière des hommes...
> ... Le Verbe était la lumière véritable
> qui éclaire tout homme ;
> il venait dans le monde
> et le monde fut par lui
> et le monde ne l'a pas connu.
> Il est venu chez lui
> et les siens ne l'ont pas reçu.
> Mais à tous ceux qui l'ont reçu,
> il a donné pouvoir de devenir enfants de Dieu. »

(Jean 1, 1-12).

Le Messie qui est venu en effet dans le monde n'est pas seulement un homme : c'est Dieu lui-même qui s'est fait homme. Le pas immense et infranchissable qui séparait la Divinité de l'humanité, a été franchi par Dieu lui-même, qui a assumé notre chair. Et, en venant dans la chair, le Christ a donné tout un enseignement sur Dieu, qui n'avait pu être deviné par les hommes, et qui sera repris, assimilé, exprimé par l'Eglise, dès les premières générations chrétiennes.

Le Christ révèle en tout premier lieu que Dieu est UN, ce que savait déjà l'ancien Israël, mais en TROIS PERSONNES : le Père, le Fils, l'Esprit. Dans la finale de Matthieu, Jésus dit ainsi : « Allez donc, de toutes les nations faites des disciples, les baptisant au nom du Père, du Fils et du Saint-Esprit » (Matthieu 28, 19). Ce n'est pas ici le lieu de faire un exposé de théologie de la Trinité, mais il faut saisir les conséquences de cette révélation. Dieu, plus encore que dans l'Ancien Testament, se révèle comme vie, activité dévorante, brûlante. Cette activité lui est interne : la Trinité est un brasier d'amour. Le Père engendre le Fils, « Dieu né de Dieu » (*Credo* de Nicée) qui lui est « consubstantiel » (*Credo* de Nicée), « splendeur de sa gloire et Effigie de sa substance » (Hébreux 1, 3). Le Père et le Fils ne sont qu'un seul et même Dieu, dans la même nature divine et la même éternité : « Le Père et moi, nous sommes Un » (Jean 10, 30). Mais ils sont cependant deux Personnes réellement distinctes dans leur relation de filiation et de paternité. Et le Père et le Fils sont liés par un souffle, un poids, un élan d'amour, qui est une troisième personne divine : le Saint-Esprit, qui procède du Père et du Fils (*Credo* de Nicée-Constantinople). Dans l'unité de la substance, d'une même essence divine, il y a trois personnes : le Père, qui est le principe, le Verbe engendré de toute éternité et le Saint-Esprit, nœud d'amour du Père et du Fils. Ainsi, il n'y a pas trois dieux, mais bien un seul Dieu en trois personnes. Il est évident que l'intelligence humaine peut élaborer des théories sur ce sujet (elle n'y a pas manqué), mais qu'elle demeure radicalement impuissante à en saisir la profondeur. Retenons surtout ici que Dieu a une vie intérieure d'une intensité indicible. Rien n'est plus faux, au regard du Nouveau Testament, que de voir Dieu comme un être fermé, clos, isolé, vide. Au contraire, Dieu est amour, vie. Saint Jean Eudes, au XVIIᵉ siècle, reprenant une intuition de saint Irénée, dira ainsi que la Trinité vit dans un chant d'amour, de bénédiction réciproque des trois Personnes divines, et de louange. Qui dit Dieu dit donc en réalité Trinité. Et cette Trinité, parce qu'elle est Amour, est une réalité profondément attirante pour l'homme s'il désire la connaître. Sainte Catherine de Sienne pourra dire ainsi :

> « O Trinité éternelle ! Vous êtes une mer sans fond où plus je me plonge, plus je vous trouve, et plus je vous trouve, plus je vous cherche encore. De vous, jamais on ne peut dire : c'est assez ! L'âme qui se rassasie dans vos profondeurs vous désire sans cesse, parce qu'elle est toujours affamée de vous. Trinité éternelle, elle souhaite toujours voir votre lumière dans votre lumière ! »

Toute la vie de l'univers s'explique par l'amour trinitaire. Dieu, par son Verbe, a créé le monde. Et il a voulu non seulement assumer la chair humaine, mais aussi réparer — et bien au-delà — ce qu'il y avait de blessé dans l'univers à la suite du péché originel. Il s'est donc produit cette chose inouïe que la seconde Personne de la Trinité, le Verbe, est venue dans notre chair, dans des conditions très particulières et très impressionnantes, que saint Paul a décrites dans l'hymne christologique de l'Epître aux Philippiens :

> « Lui, de condition divine,
> ne retint pas jalousement
> le rang qui l'égalait à Dieu.
> Mais il s'anéantit lui-même,
> prenant la condition d'esclave,
> et devenant semblable aux hommes.
> S'étant comporté comme un homme,
> il s'humilia plus encore,
> obéissant jusqu'à la mort,
> et à la mort sur une croix !
> Aussi Dieu l'a-t-il exalté
> et lui a-t-il donné le Nom
> qui est au-dessus de tout nom,
> pour que tout, au nom de Jésus,
> s'agenouille, au plus haut des cieux,
> sur la terre et dans les enfers,
> et que toute langue proclame,
> de Jésus-Christ, qu'il est SEIGNEUR,
> à la gloire de Dieu le Père. »

(Philippiens 2, 6-11).

Que signifient ces affirmations ? La venue de la Seconde Personne de la Trinité dans la chair humaine se place d'abord dans l'ambiance de la chute originelle : l'humanité, le monde, est blessé à la suite du péché des premiers parents. Il s'agit donc pour Dieu de réparer ce qui a été faussé. Le monde retrouvera ainsi sa destinée première. Au péché s'oppose donc le salut en Jésus-Christ et, à la chute, la Rédemption. Mais il faut de suite remarquer que Dieu n'avait pas absolument besoin, pour que soit réparé le péché originel, de venir dans notre chair. Il aurait pu, dans sa toute-puissance, faire choix de moyens moins onéreux, si l'on ose dire. Il n'était pas obligé, en stricte justice, de s'incarner, et encore moins de mourir sur une croix. S'il a été jusque-là, c'est pour déployer le maximum de l'amour, et pour manifester, jusqu'à l'extrême, la gloire du Père. Jésus a dit lui-même, en effet : « Il n'est pas de plus grand amour que de donner sa vie pour ses amis » (Jean 15, 13). Il décrit donc lui-même sa mission comme un sacrifice mû par l'amour des hommes. Il appelle d'ailleurs à plusieurs reprises ses apôtres « ses amis » : « Je ne vous appelle plus serviteurs... je vous appelle amis » (Jean 15, 15). Et ce sacrifice par amour, qui va le conduire à la mort ignomigneuse de la Croix, il le fait librement, dans l'obéissance à la volonté du Père, comme il le déclare de la manière la plus nette : « Si le Père m'aime, c'est que je donne ma vie, pour la reprendre. On ne me l'ôte pas ; je la donne de moi-même. J'ai pouvoir de la donner et pouvoir de la reprendre ; tel est l'ordre que j'ai reçu de mon Père » (Jean 10, 17-18).

Si l'on y réfléchit l'instant de la mort de Jésus sur la Croix, mort qui est *la mort d'un Dieu*, est donc l'instant zénithal de l'histoire du monde, pour reprendre une expression de saint Augustin. Elle marque l'instant où l'abaissement du Fils de Dieu dans la condition d'homme est maximal, et celui où le mal du monde semble triompher, de la manière la plus évidente et la plus crue, de l'Innocent. Mais c'est aussi le moment où tout est sauvé. De la mort naît la vie et de la nuit vient la lumière. A la mort de Jésus sur la Croix, l'humanité bascule. Le destin des hommes se renverse. Tout le mal de l'univers est assumé par Jésus, et il est détruit par lui. A partir de là, on peut porter un nouveau regard sur le monde et sur l'histoire. Cette explication passe par le paradoxe de la Croix. Et celle-ci est moins un mystère de douleur qu'un mystère d'amour, d'un Dieu engagé à fond dans la condition humaine, qui l'assume, la transforme et présente au Père une humanité renouvelée.

La victoire du Christ sur la mort est manifestée, dès le troisième jour après sa Passion, par sa Résurrection d'entre les morts. La Résurrection est la preuve de sa puissance victorieuse, elle est aussi une anticipation de ce qui nous attend. Saint Paul dit ainsi : « Le Christ est ressuscité des morts, prémices de ceux qui se sont endormis. Car, la mort étant venue par un homme, c'est par un homme aussi que vient la résurrection des morts. De même en effet que tous meurent en Adam, tous revivront dans le Christ » (1 Corinthiens 15, 20-23).

A partir de là, un lien particulier s'établit entre tout homme et Jésus-Christ. Il n'est donc plus possible de penser l'histoire de l'humanité et la vie de chaque homme sans faire référence, au moins implicitement, au Christ. Le centre du monde, c'est désormais le Christ, le Christ incarné, crucifié, ressuscité et glorieux. On en perçoit de suite les conséquences en spiritualité : tout se réfère, de près ou de loin, à la personne de Jésus.

En somme, par l'incarnation et la mort du Christ, Dieu est venu appeler les hommes à une vie nouvelle. L'humanité est transformée et elle accède à la vie même de Dieu. « Dieu s'est fait homme pour que l'homme devienne Dieu », disent les Pères de l'Eglise. Dieu est venu sur la terre dans la Seconde Personne de la Trinité, en un mouvement de descente animé par l'amour. Il est remonté aux Cieux et, en remontant, il amène les hommes avec lui. Ce mouvement de descente jusqu'à l'extrême, et de remontée dans la gloire, c'est tout le sens de la fête de Pâque.

III. — Le Dieu-Trinité

Le Christianisme se présente donc comme une nouveauté radicale dans les relations de l'humanité avec Dieu. Il présente de Dieu une image nouvelle, plus proche de nous que tout ce qui avait été pensé jusque-là. Dieu demeure bien le radicalement autre de l'Ancien Testament, mais il devient aussi celui qui nous est plus intime que nous-même. Désormais, toute la vie de l'homme passe donc par la reconnaissance et l'accès à Jésus-Christ. Si l'on se rappelle que « Jésus » signifie « Sauveur », on comprend toutes les implications de cette découverte. Il s'agit bien de faire une humanité nouvelle, différente du « monde » simplement humain dans lequel on vivait jusque-là. Il n'est sans doute pas exagéré d'affirmer que les premières générations chrétiennes ont fait cette expérience bouleversante de l'originalité radicale du Christ, qui demandait à son tour un choix et un engagement radicaux. La lecture, entre bien d'autres, des Epîtres de saint Ignace d'Antioche, martyrisé à Rome au Ier siècle, montre parfaitement ce désir d'atteindre le Christ, quoi qu'il en coûte, au-delà des oppositions purement « mondaines ». Avant lui, la vie de saint Paul avait été bouleversée par la « rencontre » du

Christ sur le chemin de Damas (Actes 9), comme celle des pèlerins d'Emmaüs, le dimanche de Pâques, l'avait été par la reconnaissance du Christ au milieu d'eux (Luc 24, 13-36). Ce sont là les prémices d'une voie nouvelle dans la vie spirituelle des hommes, et les expériences et les désirs que nous venons d'évoquer toucheront ensuite des milliers d'hommes jusqu'à notre temps.

La vie spirituelle, telle qu'elle naît à la suite de l'aventure du Christ, comporte d'autres dimensions fondatrices. Jésus avait dit à ses apôtres : « Vous donc, priez ainsi : Notre Père qui es aux cieux, que ton Nom soit sanctifié, que ton règne arrive, que ta volonté soit faite sur la terre comme au ciel » (Matthieu 6, 9-10). Et, nous l'avons vu, le Christ ne cesse de se référer à son Père. Il affirme à la fois son unité avec lui et en même temps la soumission et l'obéissance qu'il lui doit en tant qu'il est incarné. Mais cette soumission, qui s'inscrit dans le droit fil de la mission de Jésus, est motivée par l'amour. Ainsi, le Christ nous révèle une « dimension » de Dieu déjà entrevue dans l'Ancien Testament, mais qu'il porte à une plus grande lumière : celle de la Paternité de Dieu. Dieu, la Première Personne de la Trinité, est Père. Il y a là une dimension d'engendrement continué, dans l'amour, qui est fondamentale en spiritualité chrétienne, car qui dit Père dit à la fois éducation, croissance et confiance de l'enfant. Nous en verrons les conséquences. Mais retenons déjà que le nom de Dieu est connoté à celui de Providence et de bonté active et prévenante. Cela donne sur Dieu des lueurs qui ne sont pas, on le devine, indifférentes.

Le Christ avait aussi parlé, à plusieurs reprises, de l'Esprit, du Paraclet, du Consolateur. On voit qu'il a avec cet Esprit un rapport tout particulier : Jésus est conçu du Saint-Esprit dans le sein de la Vierge Marie (Matthieu 1, 20 ; Luc 1, 35), il est baptisé dans l'Esprit (Matthieu 3, 11), et il agit continuellement dans l'Esprit, qu'il possède « au-delà de toute mesure » (Jean 3, 34). Mais il y a plus : Jésus doit partir, remonter vers le Père, pour que l'Esprit puisse opérer librement dans le monde : « Si je ne pars pas, le Paraclet ne viendra pas à vous ; mais si je pars, je vous l'enverrai » (Jean 16, 7). L'Esprit, la Troisième Personne, est donc opérant dans le monde. On ne tarde pas à s'en rendre compte après le retour du Christ auprès de son Père (l'Ascension). En effet, le jour de la Pentecôte, les apôtres réunis au Cénacle reçoivent brusquement l'Esprit-Saint (Actes 2, 1-41). Ils sont instantanément transformés, et ils deviennent ces hommes nouveaux que le Christ avait prédits. Aussitôt, apparaissent des dons spirituels, ou « charismes », qui leur donnent la force d'annoncer à la foule stupéfaite, puis conquise, la Bonne Nouvelle du salut en Jésus-Christ. C'est le départ d'une aventure qui mènera peu à peu l'Eglise aux extrémités de la terre. Les premiers pas de cette histoire, retracés dans les Actes des Apôtres, sont une sorte, a-t-on dit, d' « Evangile de l'Esprit ».

Il ne s'agit pas seulement d'un élément théorique. En effet, dans la spiritualité chrétienne, on reconnaît l'Esprit comme opérant actuellement, comme il agissait aux premiers temps de l'Eglise. Sa manière d'agir subit des variations, mais elle reste toujours puissante et opérante.

La vie spirituelle, à la lumière de ce que nous venons de dire, est donc une union, une inclusion avec le Christ, qui devient notre Frère. Cette unité nous donne, avec la Première Personne, une relation de filiation. Et elle se meut sous la motion de la Troisième Personne, l'Esprit. Tout cela se traduit, dans l'Esprit, précisément, par une croissance de l'amour. La vie spirituelle est donc essentiellement trinitaire : elle est comme une entrée progressive dans le sein de la Trinité. Une prière de Dom Eugène Vandeur (1875-1967) exprime parfaitement ce mouvement : « Trinité que j'adore, je suis avide d'entrer dans votre sanctuaire, ce Saint des Saints où le Père, le Fils, le Saint-Esprit s'expriment et se rendent une mutuelle gloire. »

IV. — Le temps de l'Eglise

Le rapport que l'homme entretient avec Dieu n'est pas seulement personnel, individuel. Il se double d'un rapport que les hommes entretiennent entre eux. En effet, le Christ, de son vivant, a rassemblé des disciples pour poursuivre son œuvre, et il a laissé après son retour, comme chef de l'Eglise, l'apôtre Pierre : « Tu es Pierre, et sur cette pierre, je bâtirai mon Eglise » (Matthieu 16, 18), « ... Pais mes agneaux » (Jean 21, 16). De fait, l'Eglise s'est progressivement organisée, avec sa hiérarchie et ses rites.

Un point cependant doit nous retenir : l'Eglise n'est pas une organisation, même si *elle a* une organisation. C'est d'abord un rassemblement spirituel, ou, comme on dit, un corps mystique. C'est l'unité de ceux qui reconnaissent Jésus-Christ, et qui sont unis mystiquement dans le Christ. L'organisation n'est qu'un service. Même si celui-ci est indispensable, il est une dépendance. Ce qui fait donc le lien de l'Eglise, ce n'est pas le simple besoin d'être ensemble et de s'appuyer les uns les autres, c'est l'Esprit-Saint. L'Eglise est la société des frères de Jésus-Christ, unis par l'Esprit, dans l'amour. Elle est à la fois sainte, car ses membres veulent arriver à la perfection de l'union, et ont déjà en eux la vie du Christ. Et, en même temps, ses membres sont pécheurs, car ils sont en marche, et ne sont pas encore arrivés à la pleine unité avec le Christ.

Enfin, l'Eglise est la dispensatrice des sacrements. Retenons présentement que la grâce du Christ se communique, à travers des signes sensibles, extérieurs, mais qui sont accompagnés d'une grâce invisible, et très réelle : ce sont les sacrements. La croissance de la vie spirituelle se fait largement par eux. Or, c'est dans l'Eglise et par l'Eglise qu'ils sont dispensés.

Le second Concile du Vatican, dans sa Constitution sur l'Eglise, a beaucoup insisté sur cette définition de l'Eglise comme Corps mystique du Christ et peuple de frères unis pour le Seigneur. C'est un texte fondamental.

Un dernier point nous retiendra : l'Eglise est une communion avec Dieu et des Chrétiens entre eux. Mais qu'en est-il de ceux qui ne se reconnaissent pas comme Chrétiens ? Ont-ils aussi une vie spirituelle, ou sont-ils entièrement rejetés ? On dira, d'un point de vue chrétien, que l'Eglise se constitue comme une communion en plusieurs cercles : le cercle intérieur comprend les hommes en pleine et visible communion avec le Christ et son Eglise. Puis il y a des cercles de plus en plus externes : les Chrétiens séparés de l'unité visible pour des raisons historiques et juridiques, les Chrétiens séparés pour des divergences sur des points de foi, se situent dans ces cercles. Mais il y a place aussi pour tous les hommes de bonne volonté. On peut être plus près de l'Eglise qu'on ne le croit, et se situer plus près du Christ qu'on imagine. Il y a là quelque chose de mystérieux, mais de très réel. Cependant, dans l'invisible, tout passe toujours par le Christ. Sa grâce peut donc, dans certains cas, n'être pas communiquée par les moyens habituels et visibles de l'Eglise terrestre. Il peut donc y avoir une vie spirituelle des non-Catholiques et des non-Chrétiens, et un Chrétien doit être prêt à le reconnaître. C'est ce qui fonde l'existence d'une mystique musulmane, ou hindoue. Mais, d'un autre côté, un Chrétien ne peut non plus tout mettre sur le même plan. Le monde ne saurait être pour lui une nébuleuse de religions égales et se rejoignant dans une expérience de Dieu d'égale portée. Au centre de tout se trouve bien l'Eglise catholique, et l'expérience spirituelle première se situe normalement en son sein, par la rencontre et la manifestation de Jésus.

C'est pourquoi l'Eglise n'a jamais renoncé à proposer à tous les hommes le message de ce qu'elle persiste à appeler le salut. « Le Seigneur (Jésus), dit ainsi Vatican II, est le terme de l'histoire humaine, le point vers lequel convergent les désirs de l'histoire et de la civilisation, le centre du genre humain, la joie de tous les cœurs et la plénitude de leurs aspirations. »[1] Et, à l'inverse, le Christ a pour l'Eglise un rapport d'époux à l'épouse. Parlant justement de ce rapport, l'apôtre Paul écrit : « ... le Christ a aimé l'Eglise : il s'est livré pour elle... car il voulait se la présenter à lui-même toute resplendissante, sans tache ni ride ni rien de tel, mais sainte et immaculée » (Ephésiens 5, 25-27). On ne peut donc faire l'économie de l'Eglise :

> « Tu as érigé sur la terre une Eglise sainte,
> sur le modèle de celle qui est là-haut dans le ciel ;
> sur ce modèle, tu l'as façonnée avec amour, tu l'as épousée ;
> dans ta miséricorde tu l'as prise, par ta souffrance tu l'as
> [rendue parfaite...
> Affermis ses portes, assure ses verrous,
> relève sa force, dresse ses murs,
> bénis ses fils, garde ses enfants »,

dit la liturgie chaldéenne.

V. — Le rôle de la Vierge Marie

Pas plus qu'on ne peut faire l'économie de l'Eglise, on ne peut se passer de la Vierge Marie. En effet, dans la spiritualité chrétienne, elle joue un rôle essentiel.

Assez vite dans les débuts de l'Eglise, en effet, on a prié Marie. On n'a pas pensé que Marie, Mère du Christ, avait cessé son rôle avec son retour auprès de

---

1. Vatican II, *Constitution pastorale sur l'Eglise dans le monde de ce temps (Gaudium et Spes)*, 44.

son Fils. On a eu le sentiment expérimental que ce rôle continuait encore, sentiment qui s'est confirmé et précisé avec le temps. Pourquoi cela ? C'est que, comme Eve a inauguré l'humanité déchue en lui transmettant le péché des origines auquel elle était partie, Marie a inauguré l'humanité rachetée par son Fils. Elle est la Nouvelle Eve, la mère de la race des sauvés. En outre, la vie chrétienne, nous l'avons vu, est une inclusion dans le Christ, une union avec lui. Nous devenons les frères de Jésus. Nous sommes donc les enfants de Marie, mère du Christ. Enfin, Marie a accepté, au pied de la Croix, le douloureux sacrifice de son Fils. Elle l'a accepté par amour pour les hommes et pour leur rédemption. Le rapport des hommes avec Marie est donc un rapport filial. Pour être actuellement au Ciel, elle n'en est pas moins Mère. Et elle n'est pas seulement la Mère des Chrétiens, mais aussi de tous les hommes, qu'ils le sachent ou pas. Poussant plus loin l'analyse, un grand nombre de théologiens disent que le Christ a voulu que toutes les grâces passent par Marie. Par elle, le genre humain est ainsi associé, de la manière la plus étroite et la plus profonde, à son propre salut. Marie est de la sorte le canal de la grâce (on dira qu'elle est « médiatrice »), et le chemin vers son Fils.

Il est en tout cas d'expérience que l'intervention de Marie ne constitue jamais un écran et qu'elle ne retient rien pour soi. Elle est toute référée à Jésus. Elle garde au Ciel ce rôle d' « humble servante » du Seigneur qu'elle avouait sur la terre (Luc 1, 48). Comme elle a donné Jésus aux hommes en le mettant au monde, elle continue de le faire.

Marie est donc un être invisible, mais tout proche, à qui l'on peut s'adresser. On peut la prier, et la prendre comme avocate et intercesseur. Son action est

celle d'une Mère : toujours présente, attentive, discrète, voire effacée, mais efficace, active. Elle éduque
l'homme à paraître devant Dieu. Elle a une mission
de pédagogie toute féminine, précise et douce. Au
besoin, elle intervient pour défendre ses enfants. Elle
est la femme couronnée d'étoiles, dont parle l'Apocalypse, qui vient à bout de l'antique serpent. Elle
est aussi le modèle, parce qu'elle est parfaite, sans
péché, absolument lumineuse et transparente à la
grâce de Dieu. Mais cette pureté n'est pas lointaine,
hautaine. C'est celle d'un être humain, qui reste très
humain, au meilleur sens du mot. Elle est le nœud de
la collaboration entre Dieu et l'homme. On a vu plusieurs fois que le Dieu de Jésus-Christ était profondément incarné. Et cette incarnation, cette proximité,
elle passe par Marie, encore actuellement. En Marie,
la nature humaine est élevée à son plus haut niveau.
Et, proche du Christ plus que nul autre, elle a gardé
sur lui son crédit de Mère. Aussi les Chrétiens en
ont-ils très largement usé.

VI. — La tension vers l'ailleurs

Si la vie spirituelle consiste en une union, la plus
forte qui puisse être, avec le Christ, dans la Trinité, il
est bien évident qu'elle ne sera jamais accomplie
parfaitement sur cette terre. « Je vais vous préparer
une place, dit Jésus à ses apôtres, et quand je serai
allé vous préparer une place, je reviendrai vous
prendre avec moi, afin que, là où je suis, vous aussi
vous soyez » (Jean 14, 2-3). L'homme spirituel vit
donc le regard fixé sur le futur, en d'autres termes,
plus classiques, sur le Ciel. Il sait bien que cette terre
n'est qu'un passage, une préparation au banquet
des noces éternelles. Cela a l'immense avantage de
relativiser, de donner du recul par rapport à ce qui

se vit ici-bas. *In hac lacrimarum valle*, dit le *Salve Regina,* « dans cette vallée de larmes ». Il ne faut pas prendre ces paroles au pied de la lettre. Le Chrétien est un homme engagé dans le monde de son temps, et sa vie chrétienne, justement, lui demande de se donner aussi complètement que possible au service de ses frères. Le second commandement est la pierre de touche du premier. Reste que le Chrétien est toujours également un peu un exilé. Il y a là toute une dialectique qui peut d'ailleurs être vécue harmonieusement.

Si l'on élimine l'un des termes, on vit dans le déséquilibre. La tendance du monde actuel serait justement d'insister sur le devoir du Chrétien à l'égard du monde, quitte à lui faire oublier que son véritable avenir réside, en définitive, au Ciel. Aussi est-il nécessaire d'y insister davantage aujourd'hui. La mort n'est qu'un terme provisoire, si douloureux soit-il. La mort a été absorbée par la vie (2 Corinthiens 5, 4). Ce qui attend l'homme, c'est la rencontre, face à face, avec le Christ, si du moins il ne la refuse pas au moment de sa mort. C'est cette rencontre qu'il doit ardemment désirer. Il doit s'y préparer avec amour, car il sera justement jugé sur l'amour. Et ce premier jugement individuel constitue les prémices du monde entièrement neuf, qui apparaîtra lors de la fin des temps, de l'eschatologie finale. Le symbole des apôtres parle ainsi : « Je crois en Jésus-Christ... (qui) est assis à la droite de Dieu d'où il viendra juger les vivants et les morts... Je crois... à la résurrection de la chair, à la vie éternelle », et le Concile de Vatican II déclare : « L'Eglise à laquelle nous sommes tous appelés dans le Christ et dans laquelle nous acquérons la sainteté par la grâce de Dieu n'aura sa consommation que dans la gloire céleste, lorsque viendra le temps où toutes choses seront renouvelées (Actes 3, 21) et que, avec le genre humain, tout l'univers lui-même, intimement uni avec l'homme, et atteignant avec lui sa destinée, trouvera dans le Christ sa définitive perfection. »[2]

En fait, dans l'âme du juste, Dieu résidant déjà, l'éternité est commencée. Beaucoup de personnages spirituels l'ont profondément senti. Un de ceux qui, de nos jours, l'ont le mieux exprimé est la Carmélite française Elisabeth de la Trinité (1880-1906).

2. Vatican II, *Constitution dogmatique sur l'Eglise (Lumen Gentium),* 48.

Chapitre II

LE SECOND PARTENAIRE :
L'HOMME

Le second partenaire de l'aventure spirituelle est l'être humain. Encore faut-il dire qui il est. En effet, l'homme est un mystère, et il est, dans une certaine mesure, opaque à lui-même. La raison naturelle, le bon sens et l'observation apportent sur lui des lumières très fortes. Mais elles n'empêchent pas que Dieu ait encore quelque chose à dire à l'homme sur lui-même. La question anthropologique, on le sait, est un des objets centraux de la Philosophie contemporaine.

I. — L'Homme image de Dieu

A maintes reprises Jean-Paul II, qui s'est attaché à donner tout un enseignement sur l'homme, a insisté sur l'importance du livre de la Genèse. Ce premier livre de la Bible apporte en effet une lueur vraie et profonde sur ce qu'est l'être humain. Utilisant un langage symbolique, il contient une vérité fondamentale. Celle-ci a constitué, au cours des siècles, la base de l'anthropologie chrétienne, même si on a ensuite utilisé des apports d'origine grecque, et aussi des acquis de la psychologie contemporaine.

Le livre de la Genèse qui comprend, à son début, deux versions, la version éloïste et la version yahviste, débute par une phrase

capitale : « Au commencement, Dieu créa... » (Genèse 1, 1).
Après avoir tiré l'univers du néant, et vu « que cela était bon »,
Dieu en vient au sommet de toute son œuvre : « Dieu dit :
"Faisons l'homme à notre image, comme notre ressemblance, et
qu'il domine sur les poissons de la mer, les oiseaux du ciel, les
bestiaux, toutes les bêtes sauvages et toutes les bestioles qui ram-
pent sur la terre." Dieu créa l'homme à son image » (Genèse 1, 26-27). La création étant arrivée de la sorte à un point
de perfection, Dieu peut enfin se reposer le septième jour.

La tradition yahviste ajoute quelques éléments qui complètent
bien la tradition éloïste, que nous venons d'utiliser. Elle explique
d'abord que « Yahvé Dieu planta un jardin à l'Orient » (Genèse 2, 8) : c'est le Paradis terrestre, dans lequel l'homme est placé.
Celui-ci est tiré de la matière : « Alors Yahvé Dieu modela
l'homme avec la glaise du sol, il insuffla dans ses narines une
haleine de vie et l'homme devint un être vivant » (Genèse 2, 7).
Comme « il n'est pas bon que l'homme soit seul » (Genèse 2, 18),
Dieu lui façonne une compagne, Eve. L'homme reçoit la consigne
de nommer tous les animaux : « Chacun devait porter le nom
que l'homme lui avait donné » (Genèse 2, 19). La seule chose que
l'homme ne doive pas faire, c'est manger de l'arbre du bien et du
mal. Il voit Dieu, et il vit nu, sans honte.

De ces textes pleins de poésie, il y a beaucoup à
prendre. L'Univers matériel est comme fait pour
l'homme. L'homme est le centre et le roi du monde.
Il se situe au sommet de toute l'organisation maté-
rielle, au-dessus des êtres inanimés et animés. Il
domine les animaux, dont il est radicalement et fondamentalement différent, même s'il a en commun avec
eux une part de matière : cela est symbolisé par le
« don » du nom aux animaux[1]. Car l'homme n'est
pas seulement matière. Il y a en lui un « souffle ».
On y discernera un principe qui transcende le monde

1. Dans le langage de la Bible, nommer quelque chose, ou quelqu'un,
c'est le connaître dans sa profondeur, voire même, parfois, changer son
être. Ainsi Dieu change-t-il parfois les noms de ses élus, car il crée un nouveau
rapport avec eux : Abram devient Abraham, Jacob devient Israël, Simon
devient Pierre, etc. On ne peut donc pas dire, en langage biblique, plus
fortement, à quel point l'homme est le maître des créatures qui sont
au-dessous de lui.

matériel. Plus tard, on l'appellera « âme ». Il y aurait ici tout un développement à faire. Retenons simplement que l'homme n'est pas clos dans la matière. Retenons aussi que, bien que « composé », il forme un tout, une unité, que nous nommons actuellement « une personne ». Mais il est citoyen de deux mondes : d'une part il est issu du monde matériel, d'autre part il touche au monde spirituel. Bien des précisions seraient nécessaires, et nous en donnerons quelques-unes en leur temps. L'être humain est ainsi au sommet du monde visible, qu'il domine, et il accède d'une certaine manière à l'univers invisible qui est composé des hommes déjà morts et reposant dans la paix de Dieu, des anges, qui servent Dieu, et du Seigneur lui-même. Il y a donc à la fois une grandeur et une petitesse de l'homme : il est un être paradoxal.

La grandeur de l'homme est liée au fait qu'il est l'image de Dieu. Il porte en lui un reflet de la beauté et de la gloire de son créateur. Il est ainsi appelé à avoir un rapport avec Dieu. C'est pourquoi, en anthropologie biblique, puis chrétienne, on ne peut pas penser l'homme en-dehors de Dieu. Il est comme de sa famille. C'est dans son rapport avec Dieu que l'homme s'accomplit, se révèle à lui-même, vit dans la vérité de son être. Sa grandeur, c'est précisément ce contact avec le Seigneur, dont il est susceptible.

Sa « petitesse » est liée à sa condition de créature. L'homme n'est pas Dieu. Il ne s'est pas fait lui-même. Le monde dont il est le sommet lui a été confié, il ne l'a pas fait de ses mains. La vérité de l'homme réside dans l'acceptation de cette condition. Etre vraiment homme, c'est être lucide, vrai. La « petitesse » peut être acceptée parce qu'elle est la condition de la grandeur. Etre vrai donne accès auprès de Dieu.

Cette vérité ne doit pas être seulement vécue individuellement. L'homme est un être-en-relation. Le fait qu'il ne doive pas être seul va très loin. Il vit largement par et pour les autres. Il y a une solidarité profonde et originelle, constitutive de la nature humaine. La Bible répugne à l'individualisme exacerbé.

L'homme a reçu pour mission de transformer et, par son travail, d'organiser l'univers. Il complète et achève, en quelque sorte, l'œuvre de la création. Dans ce travail, il se réalise magnifiquement et, comme il est à la croisée de deux mondes, il peut présenter à Dieu, dans un geste d'offrande, toute la beauté du monde. L'homme est ainsi le prêtre de la création.

Créé par Dieu, placé par lui dans un univers dont il est le roi, l'homme fait donc remonter cet univers vers Dieu dans un chant d'adoration, de louange, de remerciement, d'action de grâce. Cette vision de l'homme intègre, dans une synthèse harmonieuse, la dimension individuelle, sociale, de l'homme, son activité travailleuse, en un élan vital vers l'être qui a avec lui une relation fondamentalement amoureuse : Dieu.

Le drame de la nature humaine est de ne pas avoir accepté cette situation. L'homme, parce qu'il est image de Dieu, a été créé libre. Dieu ne veut pas d'esclaves, d'êtres obligés de se soumettre. Il a donc laissé l'homme se déterminer pour lui. Mais le premier couple a refusé la vérité de son être. A l'incitation de Satan, il a prétendu être autant que Dieu. Cette folie constitue le péché originel qui, par génération, s'est ensuite transmis à toute la race des hommes.

Le Jardin paradisiaque, actuellement, n'est donc plus. L'univers présent est un jardin ravagé. La paix originelle a disparu. En effet, le péché primitif a abouti à une série de ruptures : entre l'homme et la nature, entre l'homme et la femme (Adam refuse de défendre Eve devant Dieu), dans l'intime de l'homme même (la honte de la nudité), entre l'homme et Dieu.

Cependant, rien n'est perdu. On a vu dans le chapitre précédent comment Dieu a racheté le monde en Jésus-Christ. Il ne l'a pas seulement racheté, mais élevé à une dignité infiniment supérieure à sa destinée originelle. C'est ce qui faisait dire à saint Augustin : « Heureuse faute qui nous a valu un tel Rédempteur ». L'histoire de l'homme, lue à la lumière de l'Ancien, et surtout du Nouveau Testament, doit donc être envisagée de manière positive. Car, désormais, c'est en Jésus-Christ que l'homme se saisit, se comprend, entre en relation avec Dieu. Le Christ est ainsi l'achèvement, l'explication du livre de la Genèse. Il est l'homme parvenu à la parfaite stature de son être, pour amener tous les hommes après lui. L'histoire de l'humanité s'articule de la sorte entre deux pôles : l'ancien Adam et le nouvel Adam, le Christ. L'ancien a légué à l'homme un cœur blessé. Le nouvel Adam, au contraire, est l'image parfaite de Dieu, l'être parfaitement obéissant et humble. L'image de Dieu dans l'homme est ainsi reprise, et amenée à un degré de splendeur nouveau et inouï[2]. L'homme devient ainsi, si l'on ose dire, grâce au Christ, « un petit dieu ».

---

2. Comme le dit saint Pierre Chrysologue († vers 450) dans une de ses homélies sur l'ancien et le nouvel Adam : « Comment des hommes dont la naissance n'est pas céleste pourront-ils devenir célestes, en ne gardant pas la nature de leur naissance mais en persévérant dans celle de leur seconde naissance ?... Puisque maintenant nous sommes renés, remodelés, à l'image de notre Créateur, accomplissons le précepte de l'Apôtre : "De même que nous avons porté l'image de celui qui est pétri de terre, portons aussi l'image de celui qui vient du ciel" » (*Patrologie Latine*, t. 52, p. 520-521, traduit dans la *Liturgie des Heures* au samedi de la 29e semaine).

II. — L'organisme humain
en vue de la vie spirituelle

Pour y parvenir, Dieu a doté l'homme d'un organisme en vue de la vie spirituelle. Envisageant maintenant ce problème, il faut bien se remettre en mémoire que l'homme est une Personne. Il est donc une unité organique d'âme et de corps, de sensibilité et de raison. Il forme, par sa nature, un tout unifié, même si l'on découvre en lui des fonctions différentes. La spiritualité utilise ainsi la terminologie d'origine grecque de l'âme et du corps, l'un étant un principe spirituel d'organisation de l'être, l'autre un principe matériel.

Cette terminologie a été critiquée. On lui a reproché de s'opposer à l'anthropologie biblique. En fait, à notre sens, il n'en est rien, pourvu qu'on l'utilise dans la ligne même de la tradition chrétienne.

L'homme est formé d'abord d'un corps. Celui-ci a ses inclinations, ses tendances, sa sensibilité. Tout cela est bon en soi, mais cependant touché par le péché originel. Il y a donc une pente naturelle aux déviations des passions. Le Christianisme ne dira pas que toutes les passions sont bonnes en soi par le simple fait qu'elles existent. Elles ont besoin d'être éduquées. Et cette éducation dure toute la vie. L'homme s'exprime d'abord par son corps. Celui-ci a ainsi une éminente dignité, que l'Eglise a traduit au long des siècles, en particulier par les rites des funérailles. Mais en même temps il est susceptible de mener au péché. Ceci explique certaines réactions douloureuses de l'Ecriture : « Qui me délivrera de ce corps qui me voue à la mort ? » (Romains 7, 24), des Pères de l'Eglise ou de la tradition chrétienne. Il faut parfois nuancer un peu ces affirmations, et les resituer dans un contexte plus large d'acceptation de la vie et de joie de l'existence, qui forme le fond du Christianisme.

A ce corps est unie, d'une manière si étroite qu'il est difficile de l'exprimer, une âme. Celle-ci est un principe spirituel. Elle est donc immortelle. Elle est un principe d'organisation du corps. Elle assure, à la fois la constitution du corps et, en second lieu, sa relation avec le monde spirituel. Il faut bien noter que, dans l'être humain, il *n'y a* que de la matière. Jamais l'âme n'apparaîtra sous le scalpel du chirurgien. Mais l'homme *n'est pas* que de la matière. S'il est vrai ainsi, comme le dit Aristote, que « l'homme est un animal raisonnable », il est encore plus vrai qu'il est un être tourné vers le divin. L'âme assure le fonctionnement de la raison, mais elle va au-delà de cette même raison : elle ouvre vers l'être, et plus précisément vers l'Etre par excellence, qui est Dieu.

La raison humaine puise ses informations premières dans les sens : « Il n'y a rien dans l'intelligence qui n'y soit venu par le canal des sens », dit l'adage grec. Les sensations sont prises en compte par la raison qui en tire peu à peu un ensemble de concepts, et l'intelligence peut travailler dessus au moyen de jugements et de raisonnements. L'intelligence est donc la première faculté de l'âme. L'homme n'est pas un super-ordinateur, ou du moins il est plus que cela. Il y a, dans le fonctionnement même de son intelligence, quelque chose qui échappe au simple jeu des causes purement physiques et biologiques.

Une seconde faculté de l'âme est la volonté. Il ne faut pas concevoir celle-ci dans l'acception courante du mot. Avec le temps, le sens du mot s'est déformé. La volonté est cette faculté qui tend vers le Bien, comme l'intelligence tend vers le Vrai. L'homme est donc traversé, dans ses fibres les plus profondes, par cette tension, cet élan vers le Bien, qui ne se reposera que dans le Bien suprême : Dieu. « Tu nous as fait pour toi, Seigneur, et notre cœur est sans repos tant qu'il ne repose en toi », dit saint Augustin. A la volonté, est liée la liberté. L'homme peut en effet préférer des choix sectoriels à des choix décisifs. Comme l'intelligence peut se tromper, la volonté peut s'auto-dévier. Depuis le péché originel, il y a une fragilité interne à l'homme qui facilite ce type de déviances.

Cependant, on le voit, l'homme est bien équipé pour vivre et être lui-même. Mais il est comme finalisé par Dieu. Son intelligence ne reposera que dans le Vrai total, et sa volonté dans le Bien absolu, qui est une Personne. Cela ne veut pas dire que tout le reste soit inutile : tout est important, indispensable, mais cependant relatif. Nous retrouvons ici à la fois cette grandeur et cette petitesse.

A l'intelligence et à la volonté, certains auteurs, dans la ligne de saint Augustin, ajoutent la mémoire. Il est certain en tout cas qu'elle joue un rôle important dans la vie humaine en général, puisque l'homme se situe continuellement, consciemment ou pas, par rapport à son passé, individuel et collectif. Et elle joue aussi un rôle essentiel en spiritualité.

Une autre présentation de l'homme est celle des « zones de l'être ». Selon ce schéma, l'homme se structure en plusieurs zones que l'on peut représenter sous la forme de cercles concentriques. Le premier cercle est celui de la zone corporelle, celle des sensations ; c'est par elle que nous entrons d'abord en contact avec le monde extérieur. Les sentiments suscités par les sensations s'expriment dans une seconde zone : la zone affective. Plus profonde est la zone intellectuelle, celle où se joue notre pensée. Plus profonde encore est la zone spirituelle, où nous entrons en contact avec le divin. Et au centre de tout se trouve le moi profond où se prennent les décisions les plus libres et les plus importantes. Chaque zone possède sa propre mémoire et comme un appétit, un dynamisme propre.

La vie humaine est harmonieuse lorsque les diverses zones évoluent dans leur sphère propre. Mais, malheureusement, chacune tend souvent à l'emporter sur les autres. On va donc avoir tendance à vivre entièrement ou principalement dans la zone corporelle, en étant dominé par elle, ou dans la zone intellectuelle, en survalorisant la fonction intellectuelle, etc. Dans la vie chrétienne, chaque zone doit être visitée par l'Esprit-Saint, mise à sa place et, au besoin, guérie.

Etre homme, c'est donc vivre dans tout cet ensemble où se constitue peu à peu une personnalité, expression de la personne. C'est accepter et former sa sensibilité sans se laisser dominer ou écraser par elle. C'est développer son intelligence selon la forme qu'elle prend chez chacun. C'est enfin accueillir Dieu dans son âme, avec son intelligence, sa volonté, sa mémoire et, de là, « diffuser » sur les autres niveaux. C'est donc à travers une série de choix libres et par un effort continu que l'homme avance et devient réellement ce qu'il est.

Jusqu'ici, nous avons seulement parlé de l'être humain comme individualité. Mais nous savons bien que l'homme ne vit pas seul. Le Christianisme va même plus loin. Il affirme qu'il est bon que l'homme vive en société. Nous ne sommes pas ensemble seulement pour des raisons pratiques, comme le pensait Rousseau. Nous sommes ensemble parce que nous sommes de la même famille, au sens le plus fort du mot. Nous ne sommes pas seulement une tribu biologiquement constituée, nous sommes des frères et des sœurs. Nous sommes les serviteurs les uns des autres, dans un esprit d'amour, et le Christ est au centre de nos liens.

Cette vision chrétienne de la société est à l'opposé de l'Hégélianisme et du Marxisme. Il ne faudrait pas cependant la taxer un peu vite d'idéalisme et de naïveté. Elle intègre en effet la dimension pécheresse de l'homme, qui s'est traduite fortement et violemment dans les rapports humains. Le désir de s'imposer pour se poser, le jeu de la violence et des déviations de tous ordres, est malheureusement constitutif de l'humanité pécheresse à tous les niveaux : couples, familles, organismes sociaux, vie économique et politique. On ne peut pas accuser en vérité des auteurs spirituels — qui étaient souvent en même temps des confesseurs — d'irénisme facile. Mais, si Dieu guérit l'homme comme être individuel, il le guérit aussi comme être social. Il le guérit dans ses rapports familiaux, qui tendent à la constitution de familles chrétiennes, il le guérit dans les rapports sociaux dans un cadre plus large, même si cela est moins facile et plus rare. Quoi qu'il en soit, le champ de la vie collective ne peut être exclu du monde de la spiritualité. La vie collective n'est pas seulement le lieu des affrontements ou des simples rapports de besoin. Elle est aussi le lieu où se vit le second commandement. Après avoir, en effet, rappelé le premier commandement, Jésus met bien en évidence le second :

« Maître (dit un Pharisien), quel est le plus grand commandement de la Loi ? » Jésus lui dit : « Tu aimeras le Seigneur ton Dieu de tout ton cœur, de toute ton âme et de tout ton esprit : voilà le plus grand et le premier commandement. Le second lui est semblable : Tu aimeras ton prochain comme toi-même. A ces deux commandements se rattache toute la Loi, ainsi que les Prophètes. »

(Matthieu 22, 36-40).

III. — Le jeu de la nature et de la grâce

L'homme, dont nous venons de parler sommairement, a donc une nature humaine. Il y a probablement peu de mots dont le sens soit aussi controuvé que celui de « nature ». Pour ne pas entrer dans des débats indéfinis, nous dirons simplement qu'il signifie pour nous ce que l'homme est, la manière dont il est constitué. Cette nature est ordonnée au bonheur de l'homme, finalisée pour le rendre heureux. Mais il faut bien noter que l'homme ne saurait l'être profondément et durablement en dehors de Dieu, dont il est l'image et la créature. Il n'y a donc pas d'activité humaine « naturelle » qui trouve sa fin en elle-même. La nature est ordonnée à la grâce. Mais en échange la grâce ne détruit pas la nature, comme le voudrait Luther. Elle la perfectionne, elle l'élève, parce qu'elle la pénètre. La nature humaine n'agit donc pas dans une sphère propre, autonome, qui mériterait son salut elle-même, comme le voulait le moine Pélage, l'adversaire de saint Augustin. Ce serait contraire à l'existence même d'un Dieu proche et paternel. Nature et grâce entrent en concours. Comment ? On a beaucoup discuté là-dessus. Au XVIe siècle, ce problème fit l'objet, dans l'Eglise, d'une célèbre querelle entre les Jésuites molinistes et les Dominicains thomistes, querelle qui rebondit au siècle suivant avec le Jansénisme. Il faut tenir en tous cas que la grâce est interne à tout ce que vit l'homme de bonne foi, qu'elle l'accompagne, et même le prévient en son agir. La vie chrétienne, c'est donc la vie de la grâce dans l'âme. Il faut y insister quelque peu.

La grâce, c'est un don de Dieu. Cet aspect de don est aussi bien marqué en hébreu (hén, hèsèd), en grec (charis), qu'en latin (gratia). Il s'agit d'un don gratuit, venant de la bienveillance d'un personnage puissant. Or, Dieu est toute bienveillance et tout don : « Yahvé, Dieu de tendresse et de grâce lent à la colère et riche en miséricorde et fidélité » (Exode 34, 6).

Tout ce qui touche à la grâce se relie donc aux notions de miséricorde, de tendresse, d'amour patient et bienveillant. Et cet amour, ce don, il atteint une force incommensurable en la personne du Christ. La grâce, c'est donc la vie du Christ en nous, et plus précisément encore, la vie nouvelle (saint Paul, Romains 6, 4).

La grâce est ainsi un don de Dieu qui nous rend semblables à lui, c'est-à-dire saints. C'est pourquoi, en vocabulaire technique, on l'appelle « la grâce sanctifiante ». C'est une présence de Dieu dans l'âme, qui est très au-delà du sensible et du rationnel. Par la grâce, notre intelligence et notre volonté atteignent leur objet ultime : Dieu devient ainsi un objet de connaissance et d'amour même si, sur cette terre, tout cela demeure enveloppé de mystère. La grâce habite ainsi les facultés de l'âme, et les envahit peu à peu d'une manière de plus en plus profonde. La grâce est donc une inclusion dans le sein même de la Trinité, et elle permet d'aimer comme Dieu aime. De la sorte, elle est ce qu'il y a de plus profond en nous. Elle nous est plus intime que nous-même. Ce n'est pas quelque chose d'extérieur ou de plaqué. C'est une force, une poussée interne, qui modifie peu à peu l'être humain en partant du dedans.

Pour autant, il ne faut pas faire de Panthéisme. Notre substance n'est pas modifiée en la substance de Dieu. Nous restons nous-mêmes. La grâce est, selon le vocabulaire classique, un *habitus*, une qualité, qui s'ajoute à notre substance et la perfectionne. Nous ne devenons pas Dieu par substance, mais nous sommes, par adoption, constitués ses enfants.

Comme elle est un don, la grâce ne peut être méritée. Elle est un effet de la pure bienveillance de Dieu (Romains 11, 15). Mais, en même temps, parce que Dieu est notre Père, il faut avoir confiance dans sa volonté de se donner. Un cœur pur attire toujours la grâce ; Dieu ne laisse rien perdre de ce qu'il peut sauver.

Aussi, dans la vie spirituelle, toute la fécondité vient de la grâce.

Si l'homme se recherche lui-même, il ne trouvera pas la grâce, et il ne dépassera pas le stade d'une pure aventure psychologique. La vie chrétienne n'est donc pas une descente dans nos propres profondeurs, mais un appel, une ouverture, vers celui qui peut tout. C'est sa grâce qui vient combler la béance de l'homme humble et disponible. Hors de la grâce, il n'y a donc pas de vraie vie. Dans la grâce, au contraire, la vie atteint sa plénitude.

Ici, nous sommes très au-delà de la nature, même si, encore une fois, celle-ci n'est pas niée, mais élevée et perfectionnée.

La grâce, chez l'être humain, va donc initier une vie nouvelle. Mais, ce faisant, elle va entrer en concours avec la nature, sur laquelle elle va agir. Elle va donc d'abord perfectionner les vertus naturelles.

On appelle vertus, des habitudes de la conscience, des plis, en quelque sorte, que prend l'être humain, à force d'efforts, d'éducation et de répétition. L'être humain, même naturellement, recherche le bonheur, et ce bonheur se trouve dans la pratique de la loi morale et de la vertu. La conscience humaine est en lui pour lui indiquer, par un jugement intérieur, la route de ce bonheur. On distingue traditionnellement quatre vertus principales. La première, celle qui guide toutes les autres, est la prudence. Dans le vocabulaire courant, ce terme est associé facilement à pusillanimité ou parfois à duplicité. En fait, la prudence est la vertu du jugement droit. Elle dirige l'intelligence dans la bonne direction, ce qui ne s'acquiert pas en un jour. La justice est la vertu qui pèse les différents devoirs, et donne d'agir avec exactitude en fonction de ce qui revient à chacun. La force et la tempérance, d'une manière différente, sont en relation avec les passions et les appétits de l'homme. La force utilise ce que les passions ont de plus fort et de plus actif pour les orienter dans le sens de la vertu. Il ne s'agit pas, en effet, de réprimer systématiquement les mouvements intérieurs de l'homme : l'impassibilité n'est pas quelque chose de sage. Il faut, au contraire, les employer pour le bien. La tempérance a quelque chose de moins dynamique, mais elle constitue une régulation indispensable en soumettant à la raison tous nos désirs.

Les vertus principales sont accompagnées de nombreuses vertus annexes, qui les précisent et les rendent opérationnelles en toutes circonstances. Toutes sont reliées entre elles.

Il n'y a pas de vie spirituelle sans pratique, heureuse et largement spontanée, de la vertu. Mais la vertu elle-même est difficile sur le plan purement naturel. C'est qu'elle est ordonnée à quelque chose qui passe la nature, c'est-à-dire la vie de la grâce. C'est donc dans une ambiance de foi que se vit, normalement, la construction intérieure. Avec le secours, la motion intérieure de la grâce, les vertus atteignent plus vite et plus facilement leur développement. Elles s'ouvrent, s'étendent et s'approfondissent dans le domaine de la vie individuelle comme de la vie sociale. Et le domaine des vertus naturelles est, en outre, d'emblée, dépassé et perfectionné en même temps, par l'arrivée dans l'âme des vertus surnaturelles : la foi, l'espérance et la charité.

Comme il y a en effet chez l'être humain un organisme naturel des vertus — même si celui-ci doit être transformé par la grâce —, il y a aussi un organisme purement surnaturel. Il est formé d'abord des vertus dites « théologales ». La foi est la première d'entre elles. Elle consiste à croire en Dieu et en sa révélation. C'est un don de Dieu : la raison peut arriver jusqu'au seuil de la foi, mais la foi elle-même n'entre pas seulement dans l'intelligence, mais aussi dans le cœur. Elle est octroyée à l'homme qui a en lui quelque chose d'ouvert, de pauvre, même si bien souvent il ne le sait pas. La foi est ainsi une lumière, une entrée dans le monde divin. Mais, sur cette terre, cette lumière demeure toujours obscure et paradoxale. On croit en quelque chose qu'on ne voit pas encore. Pour autant, la foi n'est nullement absurde : elle est simplement au-delà de la raison. Et elle peut atteindre un degré de force et de certitude étonnants. L'espérance, si bien chantée par Péguy dans *Le mystère de la charité de Jeanne d'Arc* est un élan de confiance en Dieu, parce qu'il est Père, et ne saurait nous manquer. C'est une certitude intérieure de la venue des biens nécessaires à notre vie, naturelle et surnaturelle. Parfois, l'espérance atteint un degré héroïque, quand « on espère contre toute espérance », c'est-à-dire contre toute espérance humaine. Mais, au terme, elle manifeste toujours la grandeur bonne et prévoyante de Dieu. La charité est une vertu magnifique : c'est l'Amour de Dieu qui vient en l'homme. Selon saint Paul, c'est la plus grande des trois (Hymne à la charité dans 1 Corinthiens 13). Elle se tourne d'abord vers Dieu, avec une force croissante, puis vers les hommes comme les enfants de Dieu : « Que l'amour dont tu m'as aimé soit en eux et moi en eux », dit Jésus dans sa dernière prière (Jean 17, 26), et aussi : « A ceci tous vous reconnaîtront pour mes disciples : à cet amour que vous aurez les uns pour les autres » (Jean 13, 35). Ces trois vertus « sont au-dessus de l'homme, dit saint Thomas d'Aquin. Aussi elles ne peuvent être appelées proprement vertus humaines, mais surhumaines, ou divines » (*Somme théologique*, Ia IIae, q. 61, a. 1). Pour autant, elles sont largement répandues.

L'organisme surnaturel de l'homme, mû par les trois vertus théologales, et par les vertus cardinales perfectionnées par la grâce, est complété par les dons du Saint-Esprit. L'homme qui s'est donné à Dieu est envahi de plus en plus par la grâce, et la Personne du Saint-Esprit habite en lui. Le Saint-Esprit lui donne de plus en plus de sentir et d'agir d'une manière qui n'est plus seulement humaine. On n'agit plus seulement *pour* Dieu, mais *en* Dieu. On est librement possédé par l'intérieur par l'Esprit de Dieu. Les dons du Saint-Esprit donnent à l'âme une souplesse bien plus grande à l'action de Dieu, une rapidité plus puissante, et bien plus de précision. Ils donnent, en quelque sorte, des ailes à l'âme. Sans eux, il n'y a pas possibilité de vie éternelle.

Les dons du Saint-Esprit étaient déjà connus dans l'Ancien Testament, qui les énumère à plusieurs reprises (en particulier dans Isaïe 11, 2). On en distingue traditionnellement 7, qui perfectionnent les vertus. Le don de crainte est une confiance amoureuse en Dieu. Il n'a pas du tout le sens de la peur de Dieu. Il est donné à l'homme humble. Il se lie à la vertu de tempérance car il aide à mettre les choses à leur vraie place. Le don de force perfectionne la vertu de force, et lui donne en particulier un grand amour de la justice et de la vérité du Seigneur. Le don de piété perfectionne la vertu de religion, qui est un dérivé de la justice. Il donne d'aimer Dieu comme il convient, et de tout lui rapporter. Le don de conseil perfectionne la prudence, à qui il donne une pénétration nouvelle et en même temps un jugement plein de bonté et de miséricorde. Le don de science perfectionne l'espérance. Il donne de connaître le néant de l'homme et la grandeur de Dieu, et introduit à la fois dans le relatif et dans la confiance. Le don d'intelligence perfectionne l'intelligence en lui donnant une pénétration plus profonde de la révélation. Enfin, le don de sagesse, le don supérieur, perfectionne la charité. Cette sagesse n'est pas au bout d'un raisonnement. Elle est donnée aux humbles. Elle n'atteint pas les créatures en elles-mêmes : elle touche Dieu en soi. L'âme est alors transportée par l'amour dans les profondeurs même de Dieu. C'est la sagesse qui aspire en quelque sorte l'âme vers le haut et, au fond, tout le progrès de la vie spirituelle est lié au développement du don de sagesse.

Enfin, pour la construction du corps de l'Eglise, l'Esprit-Saint donne souvent des dons spirituels ou charismes différents des dons du Saint-Esprit. Les charismes, en effet, ne sont pas donnés à titre individuel, mais pour une fin collective. Saint Paul, à une époque où ils étaient largement répandus et reconnus, les énumère à plusieurs reprises (1 Corinthiens 12, 8-11 et 28-30 ; Romains 12, 6-8 ; Ephésiens 4, 11). Certains sont relatifs aux fonctions du ministère (apôtres, prophètes, docteurs...) et d'autres aux services communautaires (enseignement, exhortation, service, paroles de science, don de guérison, chant en langue, discernement des esprits). Ces charismes ont eu une large diffusion aux origines de l'Eglise. Plus tard, ils ont été réservés à des personnages plus typés, ou bien ils étaient moins reconnus. Actuellement, on assiste à leur réapparition dans un contexte où leur présence se comprend d'ailleurs fort bien.

IV. — Une aventure de sainteté

Au terme de ce chapitre, nous voudrions souligner combien la vie spirituelle est une aventure. C'est une plongée abyssale dans un monde inconnu, mais où l'on n'est pas livré à soi-même. L'être humain est, en fait, un véritable univers. Et, dans cet individu si riche et si complexe, l'âme est certainement la partie la plus immense, dont nous ne sommes conscients que très partiellement. Il s'y joue des jeux qui nous dépassent, mais qui ne peuvent exister sans notre consentement, et dont nous tirons notre bonheur et notre joie.

La vie humaine est donc une grande aventure. Mais l'homme va chercher le plus souvent à l'extérieur ce qui se situe au fond de lui-même. Il cherche à se valoriser alors que tout son bonheur consiste à se reconnaître enfant de Dieu et à lui donner entrée en son âme. Et cette aventure présente ceci d'impressionnant et de beau, qu'elle ne sera jouée qu'une fois. En effet, Dieu a un regard de personne à personne, un regard unique, sur chaque homme[3]. Tout se joue donc dans un contact, une attention réciproque, un amour, qui n'a jamais été semblable, et ne sera plus jamais semblable. Nous retrouvons ici l'homme fait à l'image de Dieu, cette image unique et irrépétible.

« L'homme est créé, disaient les anciens catéchismes, pour connaître, servir et aimer Dieu. » La formule reste pleinement valable. L'homme s'explique seulement par là. Il fait ainsi son salut, c'est-à-dire gagne le ciel et la vie éternelle mais, bien plus profondément, il est appelé à une union amoureuse avec Dieu. C'est ce qu'on appelle la sainteté. Celle-ci n'est jamais parfaite sur cette terre. Mais on peut du moins s'y engager avec confiance et avec foi.

3. Ceci s'oppose donc absolument à la réincarnation. La notion d'image de Dieu, d'où dérive celle de personne, se comprend comme *cet* homme, fait de *ce* corps et de *cette* âme. La séparation de l'âme et du corps est un état violent, qui sera surmonté dans l'eschatologie. L'âme ne prend pas, ne laisse pas et ne reprend pas un corps comme si elle changeait de vêtement.

Chapitre III

LA RENCONTRE DE DIEU
ET DE L'HOMME

Le P. Louis Lallemant († 1635), l'un des grands auteurs jésuites du XVIIᵉ siècle, a défini la vie spirituelle de la façon suivante : « L'essence de la vie spirituelle et intérieure consiste en deux choses : d'un côté, dans les opérations de Dieu en l'âme, dans les lumières qui éclairent l'entendement, dans les inspirations qui touchent la volonté ; et de l'autre, en la coopération de l'âme aux lumières et aux mouvements de la grâce. »[1] Ce point de vue a le mérite de partir de Dieu. En effet, Dieu est toujours prêt à se donner à l'homme. Il ne lui refuse pas sa grâce. Le problème n'est pas de son côté, il est du côté de l'homme. Nous allons donc voir dans le présente chapitre comment, par quels moyens concrets, s'opère effectivement la rencontre des deux partenaires, comment se noue, en quelque sorte, et peut progresser, la vie spirituelle. Ces moyens sont bien connus, ils sont classiques, les traités de spiritualité en parlent largement, et il y a sur certains d'entre eux une immense littérature. Nous

---

1. Louis Lallemant, *Doctrine spirituelle*, Nouv. édit., Paris, 1979, p. 247-248.

sommes donc sur un terrain reconnu de longtemps, balisé, en quelque sorte, et où l'expérience des siècles continuée de notre temps, joue à plein.

I. — La conversion du cœur

L'un des thèmes les plus courants, dans l'Ancien Testament, comme dans le Nouveau, est la pénitence et la conversion du cœur. Cela suppose que l'homme se reconnaisse pêcheur, imparfait, en état d'insatisfaction, hors de sa voie véritable. D'une part, Dieu incite, en particulier par la bouche de ses prophètes, puis de son Fils, les hommes à la conversion ; d'autre part les hommes lucides sur eux-mêmes demandent à être convertis : « Rejetez loin de vous les transgressions que vous avez commises, lit-on par exemple, et faites-vous un cœur nouveau et un esprit nouveau. Pourquoi mourriez-vous, maison d'Israël ? Je ne désire pas la mort de quiconque !... Convertissez-vous, et vous vivrez » (Ezéchiel 18, 31-32). Le Christ affirme, avec une puissance inégalée, que Dieu désire avec force la conversion : il est plein de miséricorde, et le Christ a reçu le pouvoir de remettre les péchés. La conversion d'un homme est une source de réjouissances jusque dans le ciel : « Il y a plus de joie dans le ciel pour un pécheur qui se convertit que pour 99 justes qui n'ont pas besoin de pénitence » (Luc 15, 7).

La conversion, c'est le retournement du cœur. Le cœur de l'homme est, à la suite du péché, orienté vers lui-même. Il se cherche, et désire aussi mettre les autres à son service. D'où toute une série de péchés. Mais, à un certain moment, l'homme lucide se rend compte de sa situation. Il fait alors un acte d'espérance dans la miséricorde de Dieu. Il croit que Dieu peut changer son cœur, et qu'il peut recommencer sur nouveaux frais. Il s'agit, ni plus ni moins, de naître de nouveau. Et, même si la personne qui se convertit n'était pas un grand pécheur, à partir du moment où elle ne se trouvait pas dans les voies de Dieu, elle n'était pas dans la vérité de son être.

Il y a des conversions très brusques, comme celle de Paul Claudel, à Notre-Dame, le jour de Noël 1886, qui fut instantanée. Il y en a d'autres qui durent des mois, comme celle de Mme Swetchine. Toute une typologie pourrait être facilement dressée, tant on a d'exemples. Souvent, toutefois, la conversion est liée à un combat. D'un côté on veut, de l'autre on ne veut pas. On dispute contre Dieu. Le P. Lallemant dit ainsi :

« Nous passons des années entières, et souvent toute la vie, à marchander si nous nous donnerons tout à Dieu. Nous ne pouvons nous résoudre à faire le sacrifice entier... Nous nous réservons beaucoup d'affections, de desseins, de désirs, d'espérances, de prétentions, dont nous ne voulons pas nous dépouiller pour nous mettre dans la parfaite nudité d'esprit qui nous dispose à être pleinement possédés de Dieu. Ce sont autant de liens par lesquels l'ennemi nous tient attachés pour nous empêcher d'avancer en la perfection. Nous reconnaîtrons la tromperie à l'heure de la mort, et nous verrons que nous nous serons laissé amuser par des bagatelles, comme des enfants. »[2]

La conversion est ainsi la découverte de ce qu'il y a de plus vrai et de plus réel dans l'existence : la vie avec Dieu. Elle se passe au niveau le plus profond. Et, de là, elle diffuse plus ou moins rapidement sur les zones extérieures. La conversion des mœurs doit suivre normalement la conversion du cœur. Parfois, il y faut du temps : Claudel y mit des années. Au terme, c'est tout l'être qui doit être converti, retourné, orienté désormais vers Dieu, mû par le désir de Dieu et l'amour.

Il faut noter ici un point important : dans la vie spirituelle, il y a plusieurs conversions. On pourrait même dire qu'on est en état constant de conversion. La première est la conversion de l'incroyance à la foi. La seconde est, à l'intérieur de la foi, la conversion d'une vie non chrétienne à une vie chrétienne authen-

2. Louis Lallemant, op. cit., p. 90.

tique. La troisième, à l'intérieur d'une vie chrétienne digne de ce nom, est le choix de la vie spirituelle. Cette étape suppose qu'on ait compris que le Christianisme n'est pas une simple doctrine morale, mais une rencontre avec le Christ et une entrée authentique, dès cette terre, dans l'éternité. Tous les Chrétiens — il s'en faut — ne font pas cette conversion-là. Mais, à l'intérieur de la vie spirituelle elle-même, les conversions successives ne manquent pas. Les saints eux-mêmes se convertissent un peu tous les jours. En effet, il y a toujours des zones de notre être, au moins dans notre inconscient, où Dieu ne règne pas encore totalement. Le plus souvent, nous ne les connaissons pas bien. La grâce de Dieu montre donc à l'homme où sont ces points d'évolution. On voit monter à la surface des choses que l'on ne soupçonnait pas. Après des années de vie engagée à la suite du Christ, on découvre tout à coup des points de faiblesse inattendus. Il y a là, certes, quelque chose d'humiliant, mais cela entre dans la dynamique de l'amour. Quand une tendance déviante se révèle, c'est uniquement en vue de sa purification. Saint Paul lui-même, qui avait été élevé mystiquement « jusqu'au troisième ciel » (2 Corinthiens 12, 2), révélait qu'une « écharde dans la chair, un ange de Satan chargé de (le) souffleter » (2 Corinthiens 12, 7), habitait en lui. L'analyse graphologique de certains saints (saint Philippe Néri, saint François de Sales, saint Louis de Gonzague, etc.) révèle des tendances naturelles du même ordre. Dieu guérit le fond de l'être, mais il le guérit peu à peu, et cette guérison n'est totalement achevée qu'à la mort. Il faut donc lutter et se convertir sans arrêt.

Saint Paul donne une raison majeure de cette loi de la vie spirituelle. Cette « écharde dans la chair » lui a été donnée « pour que

l'excellence même de ces révélations, dit-il, ne m'enorgueillisse pas »
(2 Corinthiens 12, 7). Dieu, en effet, ne se livre qu'aux humbles. Or,
de par sa nature, l'homme a toujours tendance à s'enrichir, à se
construire lui-même, et à profiter de tout, indépendamment de
Dieu. Spontanément, s'il le peut, il mettra son « Je » dans ses biens
matériels ou dans la satisfaction et l'exaltation de son corps.
Quand on est converti, la zone corporelle est peu à peu guérie. Mais
ensuite, on peut mettre sa gloire dans sa pensée (et alors le Christianisme se transforme en idéologie), dans ses relations, sa réussite
professionnelle, etc. Puis, plus subtilement, on peut placer sa
richesse dans les grâces même reçues de Dieu. A tous les niveaux,
il faut donc se déprendre, se déposséder, se convertir. La vie spirituelle est ainsi, une conversion de plus en plus profonde, mais
aussi de plus en plus joyeuse.

Ainsi donc, la rencontre de Dieu avec l'homme passe d'abord
par la conversion du cœur. Il faut que l'homme désarme, et se
reconnaisse dans la vérité de son être. Dieu s'abaisse vers qui
s'abaisse : « Heureux les pauvres en esprit car le Royaume des
cieux est à eux », dit la première béatitude (Matthieu 5, 3). C'est
l'attitude inverse de celle d'Adam. C'est l'attitude d'humilité prise
par la Vierge Marie lors de sa rencontre avec l'ange (Luc 1, 26-37).

Un dernier point est à préciser. La conversion est
un des lieux où la collaboration de la nature et de la
grâce apparaît souvent de la façon la plus évidente. Il
arrive parfois que Dieu « tombe » sur un homme qui
ne le cherchait pas, comme saint Paul sur le chemin
de Damas — encore faut-il ensuite ratifier cette
intervention de Dieu. Mais, d'une manière générale, Dieu se manifeste à ceux qui le cherchent. Cette
recherche peut être douloureuse. Elle doit être menée
cependant avec confiance et espérance. Dieu est déjà
mystérieusement présent dans cette quête : « Tu ne
me chercherais pas si tu ne m'avais déjà trouvé », fait
dire Pascal au Christ. Le prophète Isaïe écrivait de
son côté : « Cherchez le Seigneur car il se laisse
trouver, car proche est le Seigneur de celui qui le
cherche » (Isaïe 55, 6). Et la conversion continuelle,
cette ardeur à chercher le Seigneur, est bien mise en

évidence par Baruch quand il dit : « Votre pensée vous a égarés loin de Dieu ; une fois convertis, mettez dix fois plus d'ardeur à le chercher » (Baruch 4, 28).

II. — **La prière**

La vie spirituelle est une présence, un rapport de deux êtres l'un à l'autre. Or, quand deux êtres se rencontrent, ils se parlent. La conversation, le dialogue avec Dieu, se nomme la prière. La prière est ainsi un élan du cœur vers Dieu, un jet, un bondissement de soi-même vers celui que nous aimons, ou que nous désirons aimer. Saint Augustin qualifie justement la prière d' « effort affectueux vers Dieu ». *Oratio namque est mentis ad Deum affectuosa intentio.*

La prière est donc un acte que l'on pose de telle ou telle manière, à tel ou tel moment. Mais elle doit tendre à devenir un état. En effet, la vie spirituelle est une présence continuelle à Dieu. La prière doit donc devenir comme continue. La chose semblerait paradoxale et impossible si l'Écriture elle-même ne le recommandait à plusieurs reprises : « Priez en tout temps », dit Jésus (Luc 18, 36), et saint Paul recommande de même : « Priez sans cesse » (1 Thessaloniciens 5, 17). L'expérience spirituelle chrétienne montre que cela se produit effectivement, sans dédoublement de la personnalité, dans une unification de tout l'être par la grâce. C'est que la prière, au fond, n'est pas tellement un acte de l'homme. Elle est surtout une action de Dieu à l'intérieur de celui-ci. La prière est, avant tout, même si l'on ne s'en rend pas compte, une motion venue de l'Esprit : « Dieu, affirme saint Paul, a envoyé dans nos cœurs l'Esprit de son Fils qui crie : Abba, Père ! » (Galates 4, 6). C'est l'Esprit qui donne le désir ardent de la rencontre avec le

Christ : « L'Esprit et l'Epouse disent : Viens... Oui, viens, Seigneur Jésus » (Apocalypse 22, 17 et 20). Aussi sans la prière, n'y a-t-il pas de vie spirituelle possible : l'une se mesure à l'aune de l'autre : « Il n'y a qu'un chemin pour arriver à Dieu, c'est la prière ; si l'on vous en indique un autre, on se trompe », affirme fortement sainte Thérèse d'Avila.

Il existe un très grand nombre de formes de prières : mentales ou vocales, individuelles ou collectives, formulées ou informulées, dites ou chantées. D'une manière générale, cependant, il faut savoir que la valeur de la prière est liée à l'élan du cœur. Pour être authentique, elle doit venir du profond de l'être. S'en tenir à des formules en s'attachant à celles-ci comme à des valeurs en soi, c'est se tromper : « Dans vos prières, dit le Christ, ne rabâchez pas comme les païens : ils s'imaginent qu'en parlant beaucoup ils se feront mieux écouter » (Matthieu 6, 7). Pour autant la parole, la plupart du temps, est une médiation indispensable. Mais, encore une fois, elle tire sa valeur de l'orientation fondamentale du cœur.

La prière commence d'abord par le recueillement. L'usage confond d'ailleurs souvent ces deux termes : « se recueillir », signifie maintes fois : prier. L'être humain, en effet, vit spontanément à la surface de lui-même. Ses occupations l'absorbent. Pour rencontrer Dieu, il faut prendre un peu de distance. Il faut établir le calme en soi. D'où l'importance des lieux de prière. Il faut qu'ils soient paisibles, que la lumière y soit calculée, que le corps et les nerfs s'y sentent bien. Il est souhaitable aussi qu'ils soient beaux. Comme l'homme est une totalité, les sens ont leur part dans la prière : les images sacrées peuvent donc jouer un rôle important. D'où le rôle indispensable de l'art sacré dans la vie spirituelle. Par ailleurs, l'harmonie d'un paysage peut porter certaines personnes, dans leur prière, d'une manière très efficace. Il ne faut pas négliger, surtout dans les débuts de la vie spirituelle, ces considérations, sous prétexte qu'elles sont secondaires. Bien des gens n'arrivent pas à prier tout simplement parce que leur esprit est dans l'impossibilité de se recueillir. Il y a trop de bruit en eux et autour d'eux.

La prière comprend plusieurs types d'actes. Parfois, ils interviennent tous au cours d'une seule prière. Parfois, la prière est toute consacrée à l'un d'entre eux. Mais, dans la vie spirituelle, tous doivent être produits fréquemment, même sous une forme informulée.

Le premier acte est l'adoration. Une prière qui ne comporterait jamais d'adoration ne serait pas authentique. Il ne faut pas hésiter à l'affirmer avec force. L'adoration consiste à reconnaître hautement que Dieu est celui qui est, c'est-à-dire le créateur, le maître du monde, le Seigneur de la vie humaine. C'est donc reconnaître à la fois la grandeur de Dieu et sa propre dépendance. C'est confesser aussi que la puissance de Dieu s'étend sur tout ce qui existe. L'adoration peut être toute intérieure. Mais elle s'exprime volontiers par des gestes extérieurs : inclinations respectueuses, agenouillements, prosternations. Le signe de la Croix est un signe typique d'adoration. Il ne faut pas oublier que l'adoration de Yahvé est le premier de tous les commandements (Matthieu 4, 10). Mais il faut bien noter que l'adoration ne s'adresse pas à Dieu seul, en tant que tel. Elle s'adresse aussi à Jésus-Christ. C'est même par lui que l'adoration de l'homme remonte vers le Père. On adore donc Jésus-Christ, comme saint Paul le demande : « ... pour que tout, au nom de Jésus, s'agenouille, au plus haut des cieux, sur la terre et dans les enfers, et que toute langue proclame, de Jésus-Christ, qu'il est Seigneur, à la gloire de Dieu le Père » (Philippiens 2, 9-10). En l'adorant, on reconnaît que Dieu a, en Jésus-Christ, franchi la distance qui sépare la terre du ciel, et qu'il est devenu l'Emmanuel : Dieu-parmi-nous.

C'est pour cette raison que l'Eglise favorise l'adoration du Christ dans l'Eucharistie. En effet, on peut adorer Dieu à partir de sa création. On peut très légitimement remonter de la créature au Créateur. Mais il ne faut pas oublier que l'amour de Dieu a été donné jusqu'à l'extrême en Jésus-Christ, mort et ressuscité. Et l'hostie où se trouve la présence réelle du Corps glorieux du Christ est la plus grande manifestation actuelle de l'amour du Père. Adorer le Christ en esprit et en vérité consiste donc aussi à prendre en compte cette réalité qui n'est pas marginale : l'adoration du Christ dans l'hostie.

On sait l'estime dans laquelle l'Ecole française du XVIIᵉ siècle tenait l'acte d'adoration. Bérulle, le maître spirituel de tout ce courant de pensée, avait un sens très grand de l'adoration, et il sut le communiquer autour de lui : « Ce que notre très honoré Père, écrit son disciple Bourgoing, a renouvelé en son Eglise, autant que Dieu lui en a donné le moyen, c'est l'esprit de religion, le culte suprême d'adoration et de révérence... Nous apprenons à adorer les grandeurs et les perfections divines, les desseins, les volontés, les jugements de Dieu et les mystères de son Fils. » Et Bérulle pensait même que le Christ était venu sur la terre pour adorer pleinement son Père. En effet, dit un texte célèbre, « De toute éternité, il y avait bien un Dieu infiniment adorable, mais il n'y avait pas encore un adorateur infini... Vous êtes maintenant, ô Jésus, cet homme, ce serviteur infini en puissance, en qualité, en dignité, pour satisfaire pleinement à ce devoir et pour rendre ce divin hommage. Vous êtes cet homme aimant, adorant et servant la majesté suprême comme elle est digne d'être aimée, servie et honorée ». Derrière un vocabulaire qui date un peu, il faut voir une réalité décisive. Toute l'adoration se dirige vers le Christ et, par le Christ, remonte au Père. Toute la vie du Christ a été d'abord une adoration. Et celle du Chrétien ne peut pas exclure cette dimension toute première de sa prière.

A l'adoration se joint la louange. La louange constituait, avec l'adoration, le fond de la prière juive. Les Chrétiens ont repris ce même thème. Eucharistie signifie « action de grâces ». Dans la prière monastique et sacerdotale, les psaumes forment le fond de la liturgie, et le livre des psaumes est appelé « le livre des louanges ». Aujourd'hui, cette dimension est plus honorée qu'il y a quelques années. Or la louange est à la fois un remerciement, une action de grâces, pour ce que Dieu a fait dans l'univers, et un chant gratuit d'émerveillement devant ce qu'il est en lui-même. Dans le monde juif, la louange devait être continuelle : « En toute occasion, bénis le Seigneur ton Dieu », disait le livre de Tobie (Tobie 4, 19). Dans le Nouveau Testament, des chants de louange ponctuent des événements décisifs de l'histoire du salut : la Vierge Marie chante son *Magnificat* (Luc 1, 46-55), Zacharie chante son *Benedictus* (Luc 1, 68-79), et le vieillard Siméon le célèbre *Nunc dimittis* (Luc 2, 29-32). Saint Augustin a bien résumé tout cet aspect de la spiritualité par ces mots : « Fragment quelconque de ta création, l'homme veut te louer. C'est toi qui l'excites à chercher sa joie dans ta louange, parce que tu nous as faits pour toi, et notre cœur est sans repos jusqu'à ce qu'il repose en toi. »[3] Le monde entier, en fait, est une célébration, une exaltation, de la présence rayonnante et amoureuse de Dieu : « Tout le cosmos, écrit le P. Bouyer, dans cette perspective juive et chrétienne, apparaît comme étant d'abord, dans le plan même de la Sagesse éternelle tendant à sa réalisation à travers toute l'histoire cosmique, une célébration de la gloire incréée à travers le temps de la création. Le cosmos, vu comme étant à sa racine cosmos angélique, n'est et n'existe qu'à la gloire de ce créateur. »[4] La louange, en effet, a un certain parfum de gratuité. Elle présente l'immense avantage de donner du recul par rapport à cet

---

3. Saint Augustin, *Confessions,* Ed. Labriolle, Paris, 1969, p. 2.
4. L. Bouyer, *Cosmos. Le monde et la gloire de Dieu,* Paris, 1982, p. 323.

univers. D'une certaine manière, elle introduit par anticipation dans le Ciel. Elle en donne le goût et le sens. Elle s'accompagne d'une complicité, infiniment précieuse, dans la vie spirituelle, avec les anges et les saints. Elle donne le sens de ce qui est réellement, et de la relativité des choses d'ici-bas. Elle s'accompagne d'une joie mystérieuse. Enfin, loin d'éloigner l'homme des soucis de ce monde, elle le restitue à notre univers plus libre, et donc plus actif et plus efficace, parce que capable des discernements. Comme l'adoration, qu'elle complète, la louange est un des piliers de toute prière.

La louange peut être spontanée : elle consiste dans un remerciement envers Dieu pour tout ce qu'il fait dans la vie de celui qui loue, ou bien dans un chant d'action de grâces envers Dieu, simplement parce qu'il est Dieu. Elle peut aussi s'appuyer sur des textes. Le livre des Psaumes, et les nombreux hymnes de l'Église, sont alors des supports tout désignés. La louange peut être individuelle, et sans paroles. Mais, de par sa nature, elle est assez facilement diffusive. Elle prend alors la forme d'un chant ou d'une acclamation collective.

Un autre acte constitutif de la prière est la demande : demande pour soi, ou pour les autres, qui se nomme alors « intercession ». La prière de demande n'est pas, contrairement à ce qu'on croit souvent, une forme d'égoïsme. Elle peut l'être, de fait, quelquefois. Mais, de par l'ordre même des choses, il est normal de demander à Dieu. Il y a souvent beaucoup d'orgueil à ne pas le faire. Cela peut signifier qu'on se suffit à soi-même, ou qu'on croit Dieu trop lointain pour intervenir dans la vie de chacun. Dans ces cas-là, il ne s'agit pas du Dieu de la Bible. Aussi la prière de demande est-elle constante dans l'Ancien, et dans le Nouveau Testament. Le prophète Isaïe, parlant au nom de Dieu, conseille au roi Achaz de demander un signe au Seigneur, et il s'irrite parce que le roi refuse (Isaïe 7, 11). Le Christ lui-même conseille souvent de demander, et il promet l'exaucement de cette prière : « Je vous le dis en vérité, si deux d'entre vous, sur la terre, unissent leurs voix pour demander quoi que ce soit, cela leur sera accordé par mon Père qui est aux cieux » (Matthieu 18, 19) ; « Demandez et l'on vous donnera ; cherchez et vous trouverez ; frappez et l'on vous ouvrira » (Matthieu 7, 7) ; « Tout ce que vous demanderez au Père en mon nom, il vous l'accordera » (Jean 15, 16).

Il faut bien comprendre, en effet, ce qu'est la prière de demande. C'est une prière d'enfant envers son Père. Elle consiste à reconnaître que nous ne nous suffisons pas à nous-mêmes, dans les petites choses y compris. Nous sommes toujours dans la main de Dieu. Nous recevons tout de lui. Il y a beaucoup d'humilité et de bon sens à reconnaître cela. Quand on le fait avec un cœur sincère, une relation vraie s'établit avec Dieu. A l'humilité constitutive de la prière de demande, s'ajoute la confiance. Il faut être sûr que ce dont on a besoin sera accordé. Dieu, qui est Père, ne laissera pas ses enfants dans l'abandon. « Si donc vous, dit le Christ, qui êtes mauvais, vous savez donner de bonnes choses à vos enfants, combien plus votre Père qui est dans les cieux en donnera-t-il de bonnes à ceux qui l'en prient ! » (Matthieu 7, 11). Cette confiance doit être absolue : on doit croire, en demandant, qu'on est déjà exaucé : « Tout ce que vous demandez en priant, croyez que vous l'avez déjà reçu, et cela vous sera accordé » (Marc 11, 24). Il ne faut pas « hésiter dans son cœur ». La prière de demande est donc liée à la paix, à l'abandon, à l'absence de soucis : « Observez les lis des champs, comme ils poussent : ils ne peinent ni ne filent. Or je vous dis que Salomon lui-même, dans toute sa gloire, n'a pas été vêtu comme l'un d'eux. Que si Dieu revêt de la sorte l'herbe des champs, qui est aujourd'hui et demain sera jetée au four, ne fera-t-il pas bien plus pour vous, gens de peu de foi ! Ne vous inquiétez donc pas en disant : Qu'allons-nous manger ? Qu'allons-nous boire ? De quoi allons-nous nous vêtir ? Ce sont là toutes choses dont les païens sont en quête. Or votre Père céleste sait que vous avez besoin de tout cela. Chercher d'abord le Royaume et sa justice, et tout cela vous sera donné par surcroît. Ne vous inquiétez donc pas du lendemain : demain s'inquiétera de lui-même. A chaque jour suffit sa peine » (Matthieu 7, 28-34).

Demander, c'est ainsi reconnaître la Providence, la prévenance de Dieu. Dieu sait bien, par avance, les besoins des hommes. Mais, quand on lui demande, on s'approche de lui, on se met en vérité devant lui. Bien souvent, la prière de demande n'est pas exaucée par manque de confiance ou par égoïsme. On refuse de se mettre dans l'optique de la volonté de Dieu. Au lieu d'entrer dans les désirs de Dieu sur l'homme, on veut soumettre Dieu à ses propres désirs. Mais la prière humble et confiante atteint son but. C'est la raison pour laquelle de véritables miracles ont été accordés, dans l'histoire de l'Eglise, à la prière de demande. Ils manifestaient la puissance de Dieu et montraient combien l'homme de foi a l'oreille de Dieu.

Un élément important de la prière de demande est la prière pour les autres, l'intercession. Dans la vie chrétienne, les hommes sont donnés les uns aux autres. Cette fraternité constitutive s'exprime, d'une manière prioritaire, dans l'intercession. Elle crée entre des hommes le lien le plus fort. L'intercession faite en commun (« Si deux d'entre vous sur la terre... ») opère avec une force plus considérable encore. Il peut paraître étrange ici de « soupeser » en quelque sorte l'efficacité de tel ou tel type de prière, mais il faut se rappeler qu'on ne prie pas un Dieu muet ou lointain. On ne prie pas dans la perspective de l'échec de la prière[5].

5. Il existe naturellement des prières qui ne sont pas exaucées telles quelles. Mais il faut d'abord dire que ce n'est pas là une règle absolue : la prière ne tombe pas dans le vide. Ensuite, il faut examiner si la personne qui demande veut bien se mettre dans la ligne de la volonté de Dieu ou si au contraire elle désire soumettre la liberté de Dieu à son désir. Enfin, il faut savoir qu'aucune prière d'intercession ou de demande n'est jamais perdue. Dieu s'est engagé à exaucer. Quand il ne le fait pas comme il le voudrait, c'est qu'il reste maître du délai et du mode. Ou bien les temps ne sont pas venus, ou bien il agira d'une autre manière. Accepter, dans la confiance et l'abandon, un délai non désiré, c'est donner à la réponse de Dieu plus de relief et plus de force. Accepter un mode de réponse inattendu, c'est donner à Dieu plus de liberté, même si celle-ci semble parfois aboutir à des résultats paradoxaux. Même dans la prière, il faut consentir une part de mystère. Dieu répond, mais il ne se soumet pas à la loi des automatismes absolus. Quant à l'efficacité réelle de la prière, elle n'est pas, naturellement mesu-

Enfin, la prière de demande, dans la tradition de l'Eglise catholique ou orthodoxe, passe très souvent par l'intercession de la Vierge Marie et des saints. Nous sommes ici dans la perspective que nous décrivions il y a un instant : la reconnaissance de ce lien mystérieux que les hommes ont les uns avec les autres. Ce lien atteint son maximum de densité avec les êtres qui voient, au Ciel, la face de Dieu. Et la Vierge Marie, en tant que Mère des hommes, est ainsi un canal d'intercession tout privilégié. Une prière médiévale attribuée à saint Bernard commence ainsi : « Souvenez-vous, ô très pieuse Vierge Marie, qu'on n'a jamais entendu dire qu'aucun de ceux qui ont eu recours à votre protection, imploré votre secours ou demandé votre prière ait été abandonné... » La demande est donc liée, ici aussi, à une confession de foi en la vie éternelle et en la proximité de l'au-delà. On est naturellement aux antipodes de beaucoup de positions philosophiques contemporaines : il paraît honnête de le reconnaître.

Enfin, il existe une prière sans aucun acte interne manifeste : un simple regard sur Dieu. C'est une prière sans mots, de type plus contemplatif. Cette prière-là — sur laquelle nous reviendrons — est donnée. Elle ne s'acquiert pas à force d'exercices, au moins dans la spiritualité chrétienne. Ce n'est pas une prière de vide. Elle est au contraire remplie de la présence de Dieu, qui est au-delà des paroles. On peut la demander, on peut s'y préparer, mais on ne peut pas vraiment la susciter. Elle est liée à la gratuité et à l'inattendu de l'action de Dieu.

rable, mais l'Ecriture en affirme la réalité, ainsi que toute la tradition spirituelle de l'Eglise. Thérèse d'Avila raconte le fait suivant : le Christ lui avait révélé qu'elle avait converti par sa prière plus de personnes que saint François Xavier par son action.

Si la prière comprend plusieurs actes internes, il existe aussi un grand nombre de formes de prières. Toute une bibliothèque a été écrite sur ce sujet, donnant des modèles, suggérant des pistes et des textes[6]. Nous nous contenterons de quelques indications générales.

Il existe d'abord la prière spontanée. Celle-ci jaillit du cœur et des lèvres de l'homme priant, sans réflexion préalable, dans un élan de tout l'être. Elle présente l'avantage d'un engagement très fort de la personne qui prie. Il n'y a pas de distance entre elle et sa prière. Elle peut parfois avoir l'inconvénient d'être un peu subjective. Aussi est-il bon de la nourrir. En effet, des formules apprises par cœur et bien connues peuvent être intégrées à un niveau personnel très profond, et elles émergent spontanément à la conscience en cas de besoin. Au Moyen Age, où les moines pratiquaient assidûment la *Lectio divina,* la lecture de la Parole de Dieu, longuement méditée, les formules de prière étaient tissées de réminiscences de l'Ecriture. Une forme de prière spontanée est constituée par les oraisons jaculatoires, simples formules de prière qui sont dites, spontanément, dans la journée. Elles peuvent jouer un grand rôle dans la sanctification du temps. Quoi qu'il en soit des formes concrètes, la prière spontanée demeure essentielle. Elle manifeste le regard du cœur vers Dieu dans l'adoration, l'action de grâces ou la demande. Elle conserve sa fraîcheur à l'acte de prier.

D'une manière générale, cependant, à partir d'un certain stade, il devient nécessaire d'organiser sa prière. S'en remettre uniquement à sa spontanéité, en effet, c'est risquer de ne plus prier du tout lors du passage dans des périodes de difficultés. Il est donc important de prévoir un temps fixe pour la prière, dont la durée dépend des possibilités de chacun, et de son stade dans la vie spirituelle. On a pris peu à peu l'habitude de le nommer « Oraison ». On peut cependant l'appeler autrement : temps de prière, de méditation, d'adoration, etc. Depuis l'époque moderne, la spiritualité catholique insiste énormé-

6. Actuellement, la revue *Prier* donne ainsi de nombreux textes de prières.

ment sur l'importance de ce temps de ressourcement personnel, seul face à Dieu. Si l'homme ne donne pas du temps à Dieu dans la prière, Dieu ne peut pas grandir en lui. Il est comme empêché, et l'homme est, de son côté, comme infirme : « Un homme fort docte, écrit Thérèse d'Avila, me disait récemment que les âmes qui ne font pas oraison sont semblables à un corps paralysé ou perclus, qui bien qu'il ait des pieds et des mains, ne peut les commander. » L'essentiel est alors l'entretien, la conversation avec Dieu : « L'oraison, dit encore Thérèse d'Avila, n'est autre chose qu'un commerce d'amitié par lequel l'âme s'entretient souvent seule à seul avec Dieu dont elle sait qu'elle est aimée. »

Ce temps fixe doit être rempli. La prière personnelle spontanée peut suffire, à certaines périodes, mais elle ne suffit pas toujours, ou pas durant toute la durée de l'oraison. Il faut donc l'aider. Pour cela, on a inventé des méthodes de méditation. La meilleure, dans l'absolu, est encore la plus ancienne, c'est-à-dire la lecture amoureuse de la Parole de Dieu. On lit alors l'Ecriture, non pas comme un livre d'instruction, d'enseignement classique, mais comme un vrai discours que Dieu adresse personnellement, à celui qui le lit, sous la mouvance de son Esprit. L'essentiel n'est pas d'en apprendre plus, mais de comprendre ce que Dieu dit, ce qu'il veut, d'y consentir, et de l'en aimer davantage.

Il existe cependant d'autres méthodes, qui se sont répandues surtout à partir du xvie siècle, et qui ont connu un grand succès. Les plus connues sont celle de saint François de Sales, celle de Saint-Sulpice, qui a formé des générations de prêtres, et surtout celle de saint Ignace, proposée dans ses *Exercices spirituels*.

Pour saint Ignace, la méditation doit débuter par

ce qu'on appelle une oraison, ou prière préparatoire, où l'on se met en présence de Dieu et où on lui demande que tout soit dirigé à son service et à sa gloire.

Ensuite vient une préparation. Le premier acte en est la composition de lieu. L'imagination doit se représenter le lieu du mystère sur lequel elle va méditer. S'il s'agit d'une méditation sur une idée, un objet invisible, l'imagination peut encore jouer son rôle. Le second acte est de demander à Dieu ce que l'on désire obtenir par la prière.

Le corps de la méditation consiste à appliquer successivement la mémoire, l'intelligence et la volonté au sujet de méditation déterminé à l'avance. Ainsi, toutes les puissances de l'âme concourent à l'oraison. A la fin, la volonté prend des résolutions pratiques.

En conclusion, on récapitule les résolutions prises, on s'adresse plus directement à Dieu, au Christ, à la Vierge ou à des saints, et on passe en revue la manière dont l'oraison s'est déroulée, pour rectifier ses imperfections en cas de besoin.

Cette formule peut paraître compliquée. En fait, bien utilisée, sous la conduite d'un accompagnateur expérimenté, elle peut tout à fait convenir, même aujourd'hui.

Sainte Thérèse d'Avila indique aussi des pistes pour la méditation, extrêmement simples. Elle conseille de méditer sur les mystères du Christ. Elle estime qu'il ne faut pas hésiter à se le représenter par l'imagination. De ce regard naîtront des sentiments d'amour qui toucheront l'âme et la feront progresser vers Dieu :

« Si vous êtes joyeuse, considérez-le ressuscité. Rien qu'à imaginer comment il est sorti du sépulcre, vous serez comblée de joie. Dans quelle clarté ! Dans quelle beauté ! Avec quelle majesté ! Si victorieux ! Si joyeux !... Si vous êtes dans l'épreuve, ou triste, considérez-le en route vers le jardin des Oliviers ; quelle profonde affliction dans son âme, puisque Lui, l'endurance même, il l'exprime et s'en plaint. Vous pouvez aussi le regarder attaché à la colonne, tout douloureux, ses chairs déchirées pour l'amour de vous... il vous regardera, Lui, de ses beaux yeux si compatissants pleins de larmes, il oubliera ses douleurs pour vous consoler des vôtres, à seule fin que vous cherchiez votre consolation près de Lui et que vous tourniez la tête pour le regarder. »[7]

Un autre type de méditation, lui aussi très simple, est lié à la récitation du Rosaire, c'est-à-dire les dizaines de *Je vous salue Marie* du chapelet. A chaque dizaine correspond un mystère de la vie du Christ : joyeux, douloureux, glorieux. Chaque mystère est médité successivement, et suivi d'un *Notre Père* et de dix *Je vous salue*. Cette méthode est une des plus faciles à suivre. Elle ne constitue pas une dévotion pour vieilles femmes, mais bien une entrée progressive dans la vie spirituelle. Encore faut-il ne pas avoir peur de paraître trop simple en la pratiquant.

Au XXe siècle, se sont aussi développées des méthodes de méditation à partir de la vie : individuelle, professionnelle, sociale. Elles peuvent être excellentes si elles se lient à une vraie contemplation du Christ. Celui-ci reste en effet le but de toute prière chrétienne, y compris et surtout dans son humanité. Il ne faut pas avoir peur, dans ce domaine, d'avoir le cœur touché. C'est tout l'être qui participe à la prière. Si la prière ne fait pas l'unité de la personne, il lui manque quelque chose d'essentiel. Avec son langage propre, saint Bernard écrivait ainsi :

« Remarquez que l'amour de notre cœur peut être sensible, lorsqu'il a pour objet l'humanité du Christ ; ce que le Christ a fait ou enseigné quand il était ici-bas touche particulièrement le

7. Sainte Thérèse d'Avila, *Œuvres complètes, op. cit.*, p. 453.

cœur humain. Le fidèle rempli de cet amour est facilement saisi de componction par tout ce qui lui rappelle le Christ. Il n'écoute rien plus volontiers, il ne lit rien avec plus d'attention, il ne pense à rien aussi souvent, il ne médite rien plus suavement que la vie du Christ. »[8]

Et, dans le même sens, saint François de Sales, parlant de la prière, écrit à sa Philothée :

« Mais surtout je vous conseille la mentale et cordiale, et particulièrement celle qui se fait autour de la vie et Passion de Nostre Seigneur : en le regardant souvent par la méditation, toute vostre ame se remplira de luy ; vous apprendrés ses contenances et formerés vos actions au modelle des siennes. Il est la lumière du monde, c'est doncques en luy, par luy et pour luy que nous devons estre esclairés et illuminés. »[9]

Jusqu'ici nous n'avons parlé que de la prière individuelle. Mais la prière collective est également très importante, en raison de l'aspect communautaire de la vie chrétienne. Le Christ, nous l'avons vu, a d'ailleurs insisté sur l'efficacité de la prière de demande collective. Actuellement, en milieu chrétien, ce besoin de prière collective est fortement ressenti, et se traduit par la multiplication des groupes de prière de tous types. Ici, nous nous trouvons devant une grande variété de formules : groupes de lecture et de partage de la Parole de Dieu, groupes d'adoration, de récitation en commun du chapelet, groupes de prière et de réflexion à partir de la vie, groupes du Renouveau charismatique, où l'aspect de louange du Seigneur est prépondérant, etc. D'une manière générale, l'Eglise a toujours insisté sur la nécessité, à la fois de ménager des temps de silence, et sur l'utilité du chant. Un vieil adage dit : « Chanter, c'est prier deux fois. »

8. Saint Bernard, *In Cantica*, sermo XX, 6.
9. Saint François de Sales, Introduction à la vie dévôte, dans *Œuvres complètes*, Ed. de la Visitation d'Annecy, t. III, Annecy, 1893, p. 70.

C'est s'unir, en effet, aux chœurs du monde invisible, et à la louange intérieure de la Trinité elle-même.

Il est cependant une forme de prière fondamentale, par laquelle nous aurions d'ailleurs pu commencer ce catalogue des diverses formes de prières : c'est la prière liturgique, qui est au-delà de la prière individuelle, celle que l'Eglise reprend à son compte. Cette prière est d'abord celle de la célébration eucharistique : nous y reviendrons. Elle est aussi celle de la célébration de l'Office divin. Celui-ci est demandé aux prêtres, aux diacres, aux personnes consacrées. Il ne s'agit pas de l'imposer aux laïcs et de les transformer en moines, mais la prière de l'Office est recommandée, au moins sous une forme allégée, à ceux qui le peuvent :

> « La prière publique et commune du peuple de Dieu est considérée à juste titre comme l'une des fonctions principales de l'Eglise... Cette liturgie des heures ou Office divin, complétée également par des lectures, est avant tout une prière de louange et de supplication ; elle est prière de l'Eglise avec le Christ et adressée au Christ. En venant pour apporter aux hommes la vie divine... le Christ Jésus, prenant la nature humaine, a introduit dans notre exil terrestre cet hymne qui se chante éternellement dans les demeures célestes. »[10]

Par la prière liturgique, c'est donc toute la louange et l'intercession du monde qui monte vers Dieu d'une manière privilégiée. Ainsi, les Chrétiens sont comme les prêtres de l'humanité. Vatican II a insisté, reprenant la première Epître de saint Pierre, sur l'expression « peuple de prêtres » appliquée à tous ceux qui suivent le Christ. Dans la participation à la liturgie des heures et à celle de l'Eucharistie, cette expression prend tout son sens.

10. *Présentation générale de la Liturgie des heures*, nᵒˢ 1, 2, 3. La dernière phrase est une citation de Vatican II dans la Constitution sur la Liturgie *Sacrosanctum Concilium*, nᵒ 83.

Il faut noter ici un point essentiel. La liturgie, mais aussi la prière individuelle, tendent ou doivent tendre à sanctifier le temps. En effet, le temps est un don de Dieu. Il est comme un terrain d'exercice de l'activité humaine, un cadeau qui doit préparer à la rencontre avec Dieu. Les Juifs avaient un grand sens de cette sanctification du temps, en récitant des prières en fonction des diverses heures du jour et en fonction des divers moments de l'année. L'Eglise a repris ce sens du cycle de la journée et de l'année. La liturgie, naturellement, s'en fait l'écho, avec les prières du matin (les Laudes, ou office de la louange), du milieu du jour, du soir (les Vêpres) et du coucher (les Complies). Mais il est recommandé par l'expérience spirituelle, même si l'on ne dit pas l'Office, de prévoir des temps de prière au lever, au coucher, et dans la journée. L'agitation de la vie contemporaine ne permet pas toujours d'y consacrer de longues heures, mais il n'est pas besoin de beaucoup de temps pour porter son regard vers Dieu, l'adorer silencieusement, et lui remettre la journée ou la nuit. Dans la journée, il est possible d'interrompre le travail au moins quelques instants pour penser à lui. Une oraison « jaculatoire » ne prend que quelques secondes, et ne se voit pas à l'extérieur. Ainsi, peu à peu, se met en place la prière continuelle. On recommande aussi, dans le cadre de cette sanctification de la journée, de faire un bref examen de conscience le soir, sans scrupules ni détails, pour voir ce qui a été bon ou plus faible dans la journée, et tout remettre paisiblement au Seigneur. C'est encore un moyen de lui redonner le temps qui s'est écoulé.

A la sanctification du temps s'ajoute celle des activités : familiales, professionnelles, de loisir. Il n'y a pas de honte à prier pour chacune. La prière d'adoration, de louange et de demande s'étend à tout. On a composé ainsi des prières pour les différentes occupations et pour les diverses circonstances de la vie. Il y a, dans ce cadre, une grâce particulière de la prière familiale. La famille est la première Eglise, l'Eglise domestique. Elle est le lieu où se vit d'abord la vie spirituelle, entre les époux, et avec les enfants. Elle est le lieu où ceux-ci y sont éduqués, et y grandissent. Elle est le lieu où l'amour fraternel et la solidarité se manifestent avec le plus de force. Il est donc très fructueux, chaque fois que cela est possible, de prier ensemble et, quand on est séparé, de prier les uns pour les autres. On découvre alors que chacun a son rôle dans cette prière, où l'intercession occupe toujours une grande place. Le rôle de la mère et celui du père sont différents, et de même le rôle des enfants. Peu à peu, chacun trouve sa place, et c'est une source de joie et d'épanouissement surnaturel. Actuellement, cette prière est redécouverte d'une manière étonnante par de nombreuses familles jeunes. C'est un des aspects les plus impressionnants de l'évolution spirituelle actuelle. Il ne faut pas hésiter non plus à prier pour le travail. Le travail est une activité sacrée. C'est une collaboration à la création, une continuation de l'œuvre de Dieu. Ici aussi, la prière de demande et d'action de grâces est à sa place. L'expérience actuelle montre que la vie professionnelle est vécue très différemment quand elle est resituée dans la prière. Il n'y a pas de coupures en Dieu, et il n'existe pas de secteur réservé dans lequel il n'intervienne pas. S'il y a d'ailleurs des conversions à opérer dans le cadre du travail, elles ne peuvent se faire vraiment que dans la prière. Par exemple, les relations de travail sont souvent modifiées quand elles sont remises à Dieu. Bien des chefs d'entreprise, des cadres ou des syndicalistes, en ont témoigné. Il y aurait ici de nombreux exemples à citer, certains assez impressionnants.

Le grand ennemi de la prière, c'est le bruit : le bruit intérieur et extérieur. Or, la vie est ainsi faite que l'homme vit dans une ambiance agitée, bruyante. Son imagination et son intelligence sont sollicitées d'une manière souvent excessive. Il ne peut pas se retourner. Le recueillement ne peut avoir lieu qu'au prix d'un effort. A dire vrai, le problème n'est pas nouveau. C'est pourquoi on a imaginé des temps de recul où, dans le silence, Dieu peut se faire entendre, car Dieu parle bas. En général, son mode d'intervention est discret. Une illustration célèbre en est donnée par la rencontre du prophète Elie et de Yahvé sur le mont Horeb. Elie est sorti et attend la manifestation de Dieu. Il y a d'abord un grand ouragan « mais Yahvé n'était pas dans l'ouragan », puis un tremblement de terre, puis un feu, mais Yahvé n'est ni dans l'un ni dans l'autre. Enfin, vient « le bruit d'une brise légère ». Et là, Yahvé se manifeste (1er livre des Rois 19, 9-14). La vie spirituelle obéit, sauf exceptions, à la même loi. Ces temps de recul, où on laisse à Dieu du temps pour parler et nous reprendre, ce sont les retraites. On part dans un lieu tranquille, quelques jours, seul ou avec un guide (c'est conseillé, au moins au début). Il y a des retraites individuelles ou collectives, soit en silence, soit où on peut parler à certains moments. La variété est considérable. A l'heure actuelle et dans les pays occidentaux au moins, on n'a que l'embarras du choix. Parmi les plus connues, il faut citer celles organisées à partir des *Exercices spirituels* de saint Ignace de Loyola. Elles sont prêchées en général par des Jésuites, avec divers cycles possibles, de 5, 8, 10 jours, ou 1 mois (on parle pour ces dernières des *Grands Exercices*). Les Foyers de Charité proposent des retraites en silence de 5 jours pleins qui remportent un succès mérité. Il y a aussi des sessions qui sont de véritables retraites, comme les sessions du Renouveau à Paray-le-Monial, tous les étés, qui ont renouvelé des milliers de personnes. On peut aussi se rendre, pour le temps qu'on veut, dans un monastère d'hommes ou de femmes. Il en existe des dizaines en France. Quand il s'agit de retrouver une prière plus vraie et plus profonde, de se rapprocher de Dieu ou d'opérer un discernement sur un point important, il n'y a rien de tel qu'une bonne retraite. C'est une contrepartie indispensable à la vie dans le monde, pour qui veut avoir une vie spirituelle vivante. Ici aussi, les exemples sont si nombreux qu'on pourrait écrire un livre entier avec eux.

Pour terminer cette partie sur la prière, il faut redire qu'on ne prie, en fait, jamais seul. La prière de l'homme est toujours infirme, incomplète. Mais, au cœur de toute prière, il y a déjà l'Esprit-Saint. Ceci est vrai même de la prière de plainte, de celui qui se sent abandonné, de celui qui se croit loin de Dieu, de la prière du pécheur, de la prière de celui qui s'estime rejeté. Saint Paul disait déjà :

« L'Esprit vient au secours de notre faiblesse ; car nous ne savons que demander pour prier comme il faut ; mais l'Esprit lui-même intercède pour nous en des gémissements ineffables, et Celui qui sonde les cœurs sait quel est le désir de l'Esprit et que son intercession pour les saints[11] correspond aux vues de Dieu. »

(Romains 8, 26-27).

III. — **Les sacrements**

Il ne faut pas croire que la prière suffit normalement à la vie spirituelle, même si son importance est fondamentale. Il existe aussi, en lien avec elle, un autre canal de la grâce de Dieu, dont la puissance est grande : il s'agit des sacrements. Les sacrements sont des signes visibles, des actes, des cérémonies extérieures, qui sont accompagnés d'une grâce invisible. Celle-ci est toujours donnée. Mais la force de sa réception dépend, bien entendu, des dispositions de celui qui la reçoit. Recevoir un sacrement n'est donc possible que pour celui qui a la foi. « Les sacrements, dit Vatican II, ont pour fin de sanctifier les hommes, d'édifier le Corps du Christ, enfin de rendre le culte à Dieu. » Les sacrements ont pour but l'identification avec le Christ, la divinisation du Chrétien. Aussi est-ce la vie même du Christ qui est communiquée par eux : « Dans ce Corps (l'Eglise), dit encore Vatican II, la vie du Christ se répand dans les croyants que les sacrements, d'une manière mystérieuse et réelle, unissent au Christ souffrant et glorifié. » Il ne faut donc pas croire que les sacrements sont une simple aide, un ajout, à la prière. Ce serait presque le contraire, ou du moins les deux vont ensemble. La vie du Christ

---

11. C'est-à-dire, dans le langage de saint Paul, pour les Chrétiens qui, sanctifiés par le Christ, sont déjà en marche vers la sainteté. Il ne s'agit pas, bien sûr, des saints déjà morts et canonisés, tel que l'entend l'usage courant du mot.

dans l'homme spirituel est communiquée avant tout par le canal des sacrements : ils sont donc les moteurs de la vie spirituelle. Ils forment en l'homme un organisme invisible. La prière permet d'entretenir cet organisme. Mais, naturellement, il n'y a qu'une seule grâce du Christ, qui est donnée, soit par les sacrements, soit par la croissance de l'amour liée à la prière.

Le premier sacrement est le baptême. Ce n'est pas d'abord un acte d'inclusion sociale, une formule d'appartenance à l'Eglise. C'est le sacrement de la régénération, de la nouvelle vie. Parlant à Nicodème, le Christ disait : « En vérité, en vérité, je te le dis, à moins de naître d'eau et d'Esprit, nul ne peut entrer dans le Royaume de Dieu. Ce qui est né de la chair est chair, ce qui est né de l'Esprit est esprit... Il vous faut naître d'en-haut » (Jean 3, 5-7). Par le baptême, il y a quelque chose d'absolument nouveau qui se passe dans l'être humain, une nouvelle vie, la vie d' « en-haut » qui commence. Le baptême incorpore au Christ, et donne la vocation à la sainteté. Il permet à l'homme de devenir peu à peu lui-même, dans la vérité et toute l'étendue de son être. « Les baptisés, en effet, dit Vatican II, par la régénération et l'onction du Saint-Esprit, sont consacrés pour être une demeure spirituelle et un sacerdoce saint, pour offrir, par toutes les activités du Chrétien, autant de sacrifices spirituels, et proclamer les merveilles de celui qui les a appelés à son admirable lumière. » Le baptême est en effet le sacrement de l'entrée dans la lumière véritable. Aussi n'est-il pas facultatif. Quand le Christ dit, dans la finale de Matthieu : « Allez donc, de toutes les nations faites des disciples, les baptisant au nom du Père, du Fils et du Saint-Esprit » (Matthieu 28, 19), cela est à prendre tel quel, au pied de la lettre. La vie spirituelle, normalement, se développe dans un cadre baptismal. Ce n'est pas que la grâce ne puisse toucher des non-baptisés et habiter en eux, mais le baptême crée une incorporation au Christ que rien ne saurait remplacer.

Le baptême est un acte irréversible. Il touche l'être dans sa profondeur la plus intime. Il lui donne un caractère particulier qui le suivra toujours. En même temps, c'est comme un germe. La grâce baptismale doit se développer et, peu à peu, animant l'homme de l'intérieur, pour le mener à la sainteté et à la vie éternelle :

> « Appelés par Dieu, non au titre de leurs œuvres, mais au titre de son dessein et de sa grâce, justifiés en Jésus notre Seigneur, les disciples du Christ sont véritablement devenus dans le baptême de la foi, fils de Dieu, participants à la nature divine et, par conséquent, réellement saints. Cette sanctification qu'ils ont reçue, il leur faut donc, avec la grâce de Dieu, la conserver et l'achever par leur vie. »[12]

La confirmation se situe dans la droite ligne du baptême. C'est le sacrement de la venue plénière de l'Esprit. Il donne au baptisé une force spéciale pour témoigner de sa foi et la vivre, à l'âge d'homme, au milieu des combats de la vie. Il ne donne pas seulement la grâce de faire son propre salut, mais de se tourner vers les autres pour les aimer, les aider, et leur manifester le Christ.

Le sacrement de mariage est le sacrement de la famille chrétienne. Une famille chrétienne n'est pas seulement une union de l'homme et de la femme pour avoir des enfants. C'est une véritable Eglise domestique, un lieu où Dieu habite et où sa présence grandit. C'est un terrain d'exercice de la charité fraternelle, manifestée au conjoint et aux enfants. C'est pourquoi ce n'est pas un simple contrat, mais une alliance,

12. *Lumen Gentium*, n° 40.

analogue à celle du Christ avec l'Eglise, un don complet de l'un à l'autre, sans réserves ni réticences. Vécu comme il doit l'être, ce sacrement établit entre les époux un lien qui n'est pas de surface, mais va chercher au plus intime de l'un et de l'autre, dans le « Je » profond, dans l'âme, dans le centre spirituel de l'individu. Lui aussi est comme un germe, qui grandit avec le temps, et dure toute la vie. Son effet s'étend à toutes les circonstances de l'existence, en particulier à la fécondité, et à l'éducation des enfants. La croissance du sacrement est celle de la charité, de l'amour, qui rayonne dans et à partir de la famille.

Le sacrement de l'ordre est donné à quelques-uns, spécialement appelés par le Seigneur, au titre d'une vocation spéciale, qui doit être discernée par l'Eglise. Il comprend trois degrés : l'épiscopat (qui est la plénitude de ce sacrement), le sacerdoce, et le diaconat. En fait, il est une participation à l'unique sacerdoce du Christ. Ceux qui sont revêtus du sacrement de l'ordre continuent, chacun selon sa fonction, la mission du Christ comme prophète, comme prêtre et comme roi. Ils sont au service de l'Eglise, c'est-à-dire au service du Christ, des chrétiens et des autres hommes, pour faire grandir le Royaume et, pour les prêtres et les évêques, remettre les péchés et offrir le sacrifice eucharistique. Il demande à ceux qui en sont revêtus un engagement sans réserve et un dévouement total. C'est un fait que la vie spirituelle de l'Eglise a toujours été liée à l'intensité de la vie spirituelle des hommes consacrés par le sacrement de l'ordre.

La vie chrétienne est également irriguée par trois autres sacrements qui touchent chacun, d'une manière différente, mais fondamentale.

D'abord l'Eucharistie. Il faudrait un traité pour en parler et en souligner l'importance. Il n'y a pas de vie spirituelle chrétienne sans Eucharistie. La vie chrétienne tourne, d'une certaine manière, autour de la messe. La messe est le mémorial du sacrifice de la Croix, mais un mémorial au sens ancien du mot, c'est-à-dire une union réelle avec un événement passé auquel on s'associe comme si on y était présent. A la Croix, le Christ a été jusqu'au bout de l'amour. Par la messe, nous sommes présents à la Croix et ce sacrifice est rendu présent, continuellement actualisé, pour nous. Le maximum de l'amour possible est ainsi, à partir d'un point précis du temps et de l'espace, diffusé dans tout l'espace et dans tous les temps. La messe n'est donc pas un simple acte de culte quelconque. Elle est l'union la plus haute à l'action la plus haute accomplie, sur cette terre, par Dieu lui-même : Vatican II déclare sur ce point :

« Notre Sauveur, à la dernière Cène, la nuit où il était livré, institua le sacrifice eucharistique de son Corps et de son Sang pour perpétuer le sacrifice de la Croix au long des siècles, jusqu'à ce qu'il vienne, et en outre pour confier à l'Eglise, son Epouse bien-aimée, le mémorial de sa mort et de sa résurrection : sacrement de l'amour, signe de l'unité, lien de la charité, banquet pascal dans lequel le Christ est mangé, l'âme est comblée de grâce, et le gage de la gloire future nous est donné. »[13]

Or, à la messe, il se passe cette chose folle, qui dépasse tout ce que nos catégories humaines peuvent atteindre : le Christ devient réellement présent sous les espèces du pain et du vin. On parle de *présence réelle*. Il l'avait d'ailleurs annoncé lui-même aux Juifs sidérés :

« Je suis le pain de vie... Je suis le pain vivant descendu du ciel. Qui mangera ce pain vivra à jamais. Et le pain que moi, je donnerai, c'est ma chair pour la vie du monde... Qui mange ma chair

---

13. Vatican II, *Constitution sur la sainte Liturgie*, 47.

et boit mon sang a la vie éternelle et je le ressusciterai au dernier jour. Car ma chair est vraiment une nourriture et mon sang vraiment une boisson. Qui mange ma chair et boit mon sang demeure en moi et moi en lui. »

(Jean 6, 48, 51, 54-56).

Et, la veille de sa mort, il avait célébré la première Messe, à laquelle toutes nos messes se relient, et que rapporte saint Matthieu :

« Or tandis qu'ils mangeaient, Jésus prit du pain et, après avoir prononcé la bénédiction, il le rompit et le donna à ses disciples en disant : "Prenez et mangez, ceci est mon corps." Puis, prenant une coupe, il rendit grâces et la leur donna en disant : "Buvez-en tous ; car ceci est mon sang, le sang de l'alliance, qui va être répandu pour une multitude en rémission des péchés." »

(Matthieu 26, 26-28).

Décrivant ce même événement, saint Paul complète ce récit par une précision importante : le Christ, après avoir rompu le pain, dit : « Faites ceci en mémoire de moi » et, après avoir pris la coupe : « Toutes les fois que vous en boirez, faites-le en mémoire de moi » (1 Corinthiens 11, 25, 26).

Ces textes sont parfaitement clairs. Le Christ est présent dans l'Eucharistie, vraiment présent, sans que les apparences du pain et du vin soient changées. Et il désire être reçu dans le cœur des croyants. L'Eucharistie est donc la vraie nourriture de l'homme. Par le baptême, un organisme nouveau est établi dans l'être humain. Par l'Eucharistie, cet organisme peut croître et atteindre son vrai développement. L'Eucharistie est donc, avec le baptême, le sacrement par excellence de la vie spirituelle, et son effet est la croissance de l'amour. On imagine à peine les conséquences que peut avoir, dans l'existence d'un homme convaincu, un contact régulier avec l'Eucharistie. Toute la vie, d'une certaine manière, tourne autour d'elle. A noter d'ailleurs que l'Eucharistie est conservée en-dehors de la messe. Aussi, aller prier devant le Christ présent dans le tabernacle d'une église, ou exposé sur un autel, c'est accomplir l'acte d'adoration par excellence.

La vie spirituelle, cependant, n'est jamais parfaite sur cette terre. Même après le baptême, l'être humain demeure fragile et sujet au péché. Aussi le Christ a-t-il manifesté, à plusieurs reprises, qu'il avait le pouvoir de les pardonner : « Confiance, mon enfant, tes péchés sont remis » (Matthieu 9, 2), dit-il au paralytique de Capharnaüm et aux scribes : « Le Fils de l'homme a le pouvoir sur la terre de remettre les péchés » (Matthieu 9, 6). Le sacrement de la réconciliation (ou sacrement de pénitence) est une application de ce pouvoir du Christ. Il remet les péchés avoués et regrettés. Actuellement, on assiste, après un passage difficile, à la redécouverte de ce sacrement et à son rôle dans la croissance de la vie chrétienne. Ce n'est pas une cure psychologique, même s'il produit aussi des effets psychologiques, c'est bien plus que cela : c'est une rénovation de l'alliance avec le Christ, un retour au dynamisme du sacrement de baptême, une libération de l'esprit et du cœur, une guérison et un nouvel élan de l'Esprit dans le cœur de l'homme.

Enfin, le septième sacrement est celui des malades. Autrefois, il était nommé « Extrême-Onction » et donné aux mourants au moment du passage. On a mieux saisi, peu à peu, combien il était un sacrement de la force, donnant la possibilité de supporter les épreuves de santé et celles liées à la vieillesse. C'est une marque de l'amour du Christ pour les temps difficiles, une configuration particulière avec le Christ souffrant, un lien spécial avec le don de Jésus jusqu'à l'extrême. Il joue ainsi son rôle avec l'identification au Christ, et prépare à la rencontre où l'identification sera pleinière.

IV. — **Rencontrer Dieu dans le frère**

Les courants contemporains de spiritualité se montrent souvent sensibles à un lieu de rencontre avec Dieu sur lequel on n'insistait pas de la même manière autrefois : il s'agit de l'autre, cet autre qui, pour le Chrétien, est devenu un frère. Comme l'écrit le P. Gratry, restaurateur de l'Oratoire en France : « L'humanité est une pluralité d'âmes destinées à l'amour. »[14]

En effet, en Jésus-Christ, la solidarité humaine naturelle est assumée et dépassée. La parenté biologique qui unit les êtres se transforme en parenté spirituelle : Jésus-Christ est « le premier-né d'une multitude de frères » (Romains 8, 29). Or, le péché originel avait dressé les hommes les uns contre les autres. Il avait introduit dans le monde la violence et la haine dont Abel avait été la première victime. Dès lors, la société humaine est sans cesse traversée par des tendances profondes d'opposition et de destruction. Dans le Christ, cependant, la société humaine trouve un principe de restauration et de guérison. Cette restauration est fondée sur l'amour. Il importe de regarder les autres avec l'œil même de Dieu, qui est un œil positif et plein de charité. Les textes abondent en ce sens : « Voici mon comman-

14. A. Gratry, *La connaissance de l'âme,* Paris, 1857, liv. V, chap. III. Voir aussi le merveilleux petit livre du P. A. D. Sertillanges, *Hommes mes frères*, Paris, 1940.

dement : aimez-vous les uns les autres comme je vous ai aimés » (Jean 15, 12) ; « Ce que je vous commande, c'est de vous aimer les uns les autres » (Jean 15, 17) ; « D'un cœur pur aimez-vous les uns les autres sans défaillance » (1 Pierre 1, 22), etc.

L'amour des autres, le second commandement, est donc directement lié au premier. Il en est la conséquence directe, et la vérité de l'homme se vérifie dans la pratique de ce second commandement : « Celui qui n'aime pas son frère qu'il voit, ne saurait aimer le Dieu qu'il ne voit pas. Oui, voilà le commandement que nous avons reçu de Lui : que celui qui aime Dieu aime aussi son frère » (1 Jean 4, 20-21). Il n'y a pas de vie spirituelle sans charité fraternelle.

Cette charité se vit sur plusieurs plans. D'abord sur le simple plan des rapports personnels d'amitié, d'affection, de pardon. La vie spirituelle est liée à une croissance de l'humilité, non seulement à l'égard de Dieu, mais aussi à l'égard des autres. Cette humilité ne supprime pas le bon sens, mais elle l'englobe. Le Christ en donne une démonstration éclatante, le soir de son arrestation, en lavant les pieds à ses disciples : « Vous m'appelez Maître et Seigneur, et vous dîtes bien, car je le suis. Si donc je vous ai lavé les pieds, moi le Seigneur et le Maître, vous aussi vous devez vous laver les pieds les uns aux autres. Je vous ai donné l'exemple, pour que vous agissiez comme j'ai agi envers vous » (Jean 13, 13-15). Seule l'humilité, fruit de l'amour, permet de dépasser et de vaincre les oppositions sans cesse renaissantes. Seule, elle permet de tendre à l'unité : « Que tous soient un comme toi, Père, tu es en moi et moi en toi, qu'eux aussi soient un en nous, afin que le monde croie que tu m'as envoyé » (Jean 17, 21). Or, l'unité est bien le but des relations humaines : unité dans le Christ engendrant une unité humaine. Le *comme* de la phrase que nous venons de citer revêt un sens très fort.

La charité fraternelle suppose aussi un engagement. Il ne faut pas rester dans le domaine des sentiments, si beaux soient-ils, mais il faut travailler avec et pour les autres. Les occasions ne manquent pas. La vie quotidienne elle-même est riche en opportunités. Saint Vincent de Paul avait un grand sens de cette rencontre de Dieu dans le service des frères. Il écrivait ainsi :

> « Aimons Dieu, mes frères, aimons Dieu, mais que ce soit aux dépens de nos bras, que ce soit à la sueur de nos visages... il y en a plusieurs qui, pour avoir l'extérieur bien composé et l'intérieur rempli de grands sentiments de Dieu, s'arrêtent à cela ; et quand ce vient au fait, et qu'ils se trouvent dans les occasions d'agir, ils demeurent courts. Ils se flattent de leur imagination échauffée... L'Eglise est comparée à une grande moisson qui requiert des ouvriers, mais des ouvriers qui travaillent. »[15]

On pourrait longuement détailler ce qui précède. Il faut ici tenir l'équilibre entre l'engagement et la prière. Sans prière personnelle, il n'y a pas d'engagement fructueux. L'action, à elle seule, ne remplace pas la prière. A l'inverse, il n'y a pas de vraie prière sans action. Marthe doit se joindre à Marie. Ce climat de prière, d'amour fraternel dans le partage était caractéristique de la première communauté chrétienne. On en retrouve l'écho dans un passage de la première lettre de saint Pierre, quand l'apôtre déclare :

> « Soyez tous dans de mêmes dispositions, compatissants, animés d'un amour fraternel, miséricordieux, humbles. Ne rendez pas le mal pour le mal, ou l'insulte pour l'insulte ; au contraire, bénissez, car c'est à cela que vous avez été appelés, afin d'hériter la bénédiction. »

(1 Pierre 3, 8-9).

---

15. Saint Vincent de Paul, dans *Correspondance, entretiens, documents*, éd. P. Coste, Paris, 1920-1925, 14 vol., t. XI, p. 40-41.

Chapitre IV

LES ATTITUDES SPIRITUELLES FONDAMENTALES

La vie spirituelle, on s'en est rendu compte largement dans les pages qui précèdent, n'est pas livrée au jeu du hasard. Elle se coule dans les cadres d'une Sagesse paradoxale, dont l'origine n'est pas terrestre. Au fil du temps et de l'expérience, cette Sagesse a abouti à discerner quelques lois de la vie intérieure. Ce ne sont naturellement pas des lois au sens scientifique du mot, mais des indications générales. Celles-ci doivent être monnayées, dans le détail de la vie, avec bon sens et esprit de conseil. Il est cependant utile de les connaître. Elles évitent en effet, à tout le moins, de perdre du temps. Parlant de l'organisme humain, nous avions parlé du jeu des vertus et des dons. Ici, nous allons reprendre le problème sous un autre angle, à la fois plus pratique et plus dynamique. On verra comment les choses, loin de s'opposer, se complètent et s'articulent les unes avec les autres, non pas dans un système de pensée, mais dans l'équilibre même de la vie.

I. — Le combat spirituel

La vie spirituelle doit d'abord être conçue comme un combat, c'est-à-dire selon quelque chose de dynamique, qui suppose un effort continu, et un engagement de tout l'être. Cette notion de combat spirituel était très présente chez les Pères du Désert. Tout l'ascétisme chrétien vient, au fond, de cette source. Bien plus tard, *Le combat spirituel* fut le titre d'un des ouvrages religieux les plus lus de l'époque moderne. Il était dû à la plume d'un clerc régulier Théatin italien du XVIe siècle, Lorenzo Scupoli. Toute cette tradition pouvait du reste se réclamer des Ecritures. Saint Paul emploie la comparaison du combat à plusieurs reprises, en particulier dans un passage bien connu de l'Epître aux Ephésiens :

> « En définitive rendez-vous puissants dans le Seigneur et dans la vigueur de sa force. Revêtez l'armure de Dieu pour pouvoir résister aux manœuvres du Diable... C'est pour cela qu'il vous faut endosser l'armure de Dieu, afin qu'au jour mauvais vous puissiez résister et, après avoir tout mis en œuvre, rester ferme.
> « Tenez-vous donc debout, avec la Vérité pour ceinture, la Justice pour cuirasse et pour chaussures le zèle à propager l'Evangile de la paix ; ayez toujours en main le bouclier de la Foi, grâce auquel vous pourrez éteindre tous les traits enflammés du Mauvais ; enfin recevez le casque du Salut et le glaive de l'Esprit, c'est-à-dire la Parole de Dieu. »
>
> (Ephésiens 6, 10-18).

Tout ceci dérive d'une série de constatations qu'il faut accepter. La première est que cette terre est un lieu de combat, d'exercice. Le repos sera le Ciel. L'homme est à la fois blessé et inaccompli. Il doit donc se purifier et atteindre la pleine stature de lui-même. En outre, il est adopté par Dieu. Il doit donc s'unir à Jésus-Christ. Tout cela ne se fait pas en un jour. La vie y suffit à peine. C'est un temps très mesuré pour une telle tâche — d'où la valeur de chaque instant bien employé. Sur cette terre, l'homme n'est jamais pleinement accompli. Il lui reste toujours quelque chose à faire ou à accepter. La vie spirituelle est donc liée à la notion d'activité : soit celle de l'homme, soit celle de Dieu en l'homme. Rien ne répugne plus à la spiritualité chrétienne que la notion de vide intégral.

Le combat se vit donc contre les passions, contre les tendances déviantes. Peu à peu, celles-ci peuvent être guéries ou amorties, mais il y a toujours quelque chose à faire. On découvre toujours en soi des zones non christifiées. L'homme est un vaste monde, son inconscient spirituel est profond, et on n'est jamais au bout de ses surprises. Il faut accepter cela très simplement, et jouer sur le temps. En outre, comme saint Paul le signalait, le combat spirituel ne se vit pas seulement contre soi-même. Il y a aussi le diable. Même s'il est parfois de bon ton d'en rire, sa présence dans la vie spirituelle demeure un fait d'expérience. Tous les personnages spirituels ne le voient pas intervenir frontalement comme saint Antoine ou, plus près de nous, le saint curé d'Ars ou saint Jean Bosco, mais il est toujours là. Il ne décroche jamais, même s'il perd de plus en plus de terrain. Il importe ici de suivre l'exemple de Thérèse d'Avila, qui en avait de moins en moins peur, mais il ne faut pas non plus le sous-estimer. Déclarer le diable absent, dans la vie spirituelle, c'est lui ouvrir toutes grandes les voies. Il n'a d'ailleurs pas besoin de posséder les gens (ce qu'il ne peut faire sans leur accord), de les obséder ou de les infester. Il peut procéder plus subtilement. Toutes les tentations ne viennent pas de déviations de la nature. Il en est de suscitées par l'ennemi extérieur. Savoir les discerner aide grandement et enlève aussi beaucoup de complexes. Du reste, le diable lui-même utilise les alliés qu'il peut compter au-dedans de l'homme : « Les armes du démon, dit un Espagnol du XVIe siècle, François de Osuna, l'auteur du *Troisième Abécédaire*, sont nos vices... notre chair est son bouclier... il trouve des alliés dans nos sens, notre mémoire, nos quatre passions et notre santé misérable. »

« Jusqu'au jour du jugement, disait saint Thomas d'Aquin, nous sommes en temps de guerre », et Dom Innocent Le Masson, Chartreux français du XVIIe siècle, définissait la vie humaine « une bonne guerre ». Tout cela est vrai. C'est la condition de la nature humaine. Personne ne peut y échapper. Mais le combat spirituel est cependant bien différent, dans son exercice, des combats habituels des hommes. La comparaison est très relative. Nous allons voir pourquoi immédiatement.

II. — Les éléments
d'une vie spirituelle dynamique

Le combat spirituel repose en effet sur une série d'attitudes intérieures dont certaines peuvent être assimilées aux attitudes nécessaires dans un combat humain, mais dont certaines autres sont à l'opposé.

La première attitude spirituelle essentielle est un grand désir de Dieu, c'est-à-dire une vraie radicalité. Dieu se donne seulement à ceux qui le désirent du plus profond de leur être : « Heureux les affamés et assoiffés de justice, car ils seront rassasiés », dit la quatrième béatitude (Matthieu 5, 6) ; et toutes les générations chrétiennes ont répété le verset du psaume : « Comme languit une biche après l'eau vive, ainsi languit mon âme vers toi, mon Dieu » (Psaume 42-43 (41-42), 2). A l'inverse, dans l'Apocalypse, il est déclaré à l'Eglise de Laodicée : « Ainsi, puisque te voilà tiède, ni chaud ni froid, je vais te vomir de ma bouche » (Apocalypse 3, 16). Le Christ lui-même n'est-il pas qualifié d' « homme de désirs », *vir desideriorum* ?

La vie spirituelle demande donc qu'on se mette en état de désir. Certes, ces désirs ne sont pas toujours purs. Mais Dieu les purifiera lui-même peu à peu. Certes, ils font souffrir, puisque leur objet n'est jamais totalement atteint sur cette terre. Mais cette souffrance est elle-même rédemptrice, formatrice, et elle est dominée par la joie. Aussi ne faut-il pas avoir peur du désir, et ne faut-il l'arrêter sous aucun prétexte : « Un désir véhément est un grand cri poussé aux oreilles de Dieu », dit saint Bernard, reprenant un mot de Grégoire le Grand. Au contraire, il faut entrer dans la dynamique du désir. Plus on reçoit Dieu, en effet, et plus on le désire : « Plus on aime, et plus on désire avoir ce qu'on aime », dit sainte Angèle de Foligno. Il y a là toute une dialectique dont il ne faut surtout pas affaiblir ou casser le rythme. Sans désirs renouvelés, entretenus, il n'y a pas de vie spirituelle. Au contraire, le désir de Dieu en est le moteur intime : « Le Christ, écrit Ruysbroeck, dit à l'homme plein de désirs : Descends vite... par le désir et l'amour dans l'abîme de la divinité. » Si l'on se sent fatigué, las, touché par cette acédie que redoutaient les Pères du Désert, il faut demander à Dieu le renouvellement du désir[1].

La seconde attitude intérieure de base est l'abandon. La vie spirituelle n'est pas programmée par l'homme. Elle est toute mue par Dieu, depuis le début jusqu'à la fin. Aux origines d'un itinéraire spirituel, on a souvent l'impression de tenir les rênes. Mais un jour on s'aperçoit que c'est un autre qui les tient, et les a toujours tenues. Il faut accepter cet état de fait, et s'abandonner, se laisser faire, avec patience et confiance. Cela ne supprime d'ailleurs pas l'action et la

---

1. Dans la vie spirituelle comme ailleurs, la fraîcheur peut se perdre. Mais ici, elle peut aussi se renouveler. C'est du reste un des phénomènes les plus étonnants de ce type de vie que ces rajeunissements subits qui se produisent à tout âge. Cela se traduit en particulier par une capacité d'admiration et d'émerveillement qui demeure intacte, ou plutôt s'augmente sans cesse. Tout cela est possible quand on désire garder un cœur d'enfant face à Dieu. Dès qu'on veut devenir autosuffisant devant Dieu, on se dessèche très vite.

décision humaine, mais elle devient subordonnée, relativisée. Peu à peu, on n'agit plus seulement pour Dieu, mais en Dieu. Cela est lié à la croissance des dons du Saint-Esprit dans l'âme. L'abandon prend exemple sur Marie quand elle dit : « Voici la servante du Seigneur. » Elle ne sait pas alors exactement où Dieu la mène, mais elle se donne tout entière à lui, sans aucune réticence. Ce même abandon est demandé par le Christ dans le *Notre Père* : « Que ta volonté soit faite sur la terre comme au Ciel. »

L'abandon est donc la remise de la volonté humaine entre les mains de Dieu. Comme la volonté est ce à quoi l'homme est le plus attaché, on voit l'importance du propos. « La perfection, dit saint Vincent de Paul, consiste à unir tellement notre volonté à celle de Dieu que la sienne et la nôtre ne soient à proprement parler qu'un même vouloir et non vouloir ; celui qui plus excellera en ce point, plus il sera parfait. » On retrouve ici la radicalité et l'importance du désir de Dieu. Il faut préférer l'amour de Dieu à l'amour de soi, comme aurait dit saint Augustin. Il faut se déprendre sans cesse de soi-même. « Il faut doncques savoir, écrivait saint François de Sales, qu'abandonner notre âme et nous laisser nous-même n'est autre chose que de quitter et nous deffaire de notre propre volonté pour la donner à Dieu. »

L'abandon est donc lié étroitement à la confiance. On ne donne qu'à celui en qui l'on croit absolument. L'abandon est possible seulement parce que Dieu est Père, et parce qu'on croit absolument dans sa Providence. On se donne parce qu'on sait que tout a été d'avance préparé pour nous. Tout vient au-devant de celui qui espère. Cassien écrivait sur ce point : « Personne ne peut dire du fond du cœur ces paroles du *Pater* : *Fiat volontas tua...,* sauf celui qui croit que tout, adversité et prospérité, nous est dispensé par Dieu pour notre bien et que Dieu est, pour le salut et l'avantage des siens, plus attentif et plus soucieux que nous ne pouvons l'être pour nous-mêmes. » D'un côté, en effet, on perd tout mais, d'un autre côté, tout est restitué. La vie spirituelle s'inscrit donc dans ce mouvement de perte radicale et de don venant de Dieu vers l'homme.

La confiance absolue ne dispense du reste pas d'agir par soi-même. Ici aussi, le bon sens demeure. Saint Ignace de Loyola conseille de tout préparer comme si les choses dépendaient de nous, et de tout attendre comme si elles venaient uniquement de Dieu. La dialectique de la nature et de la grâce joue. Elle se modifie d'ailleurs dans son expression en fonction des diverses étapes de la vie spirituelle. Le P. Nicolas du Sault, qui a écrit, au XVIIᵉ siècle, un *Traité de la confiance en Dieu,* disait dans sa préface : « Ce n'est pas mon dessein de bannir la prudence humaine de nos affaires et entretenir la fainéantise des créatures sous ombre d'une spécieuse espérance au Créateur. Dieu ne prétend pas rendre les lumières qu'il nous a données inutiles par le soin qu'il a de nous. »

Enfin, l'abandon se lie à l'humilité. L'humilité est le moyen le plus simple de se configurer au Christ. La grande confidence qu'il a faite sur son Cœur, c'est-à-dire sur le fond même de son être, est celle-ci : « Mettez-vous à mon école, car je suis doux et humble de cœur » (Matthieu 11, 29). Nous en avons déjà parlé à plusieurs reprises : c'est la reconnaissance de ce que nous sommes. L'homme est un être de dépendance. « Dieu, disait Dom Claude Martin, dans son *Pasteur solitaire,* est essentiellement un être de supériorité. » Cette supériorité n'est pas une domination, elle est toute amour donné. Mais il faut se reconnaître tel qu'on est. « Le moine, disaient les Pères du désert d'Egypte, doit se proposer d'acquérir l'humilité avant toute autre vertu », et aussi « L'homme a besoin de l'humilité et de la crainte de Dieu comme le souffle qui sort de sa narine. » Dans la même ligne, leur disciple Cassien affirmait : « La maîtresse de toutes les vertus, le don propre et magnifique du Seigneur » est l'humilité.

Dans tout ce qui précède, il y a quelque chose de paradoxal par rapport à la vie du monde. Naturellement, en effet, on est porté à se construire fortement, fut-ce au détriment des autres, à s'imposer socialement, à programmer au maximum. La vie chrétienne ne demande pas l'abandon de la prudence nécessaire. Mais elle impose un retournement intérieur radical. Si l'on veut suivre le Christ, si l'on veut qu'il vienne au cœur de l'homme, il faut prendre son Cœur. La douceur et l'humilité du Christ entrent alors peu à peu chez l'être humain. Cela ne se fait pas en un jour : on retrouve ici le combat spirituel. Les tentations de découragement sont grandes : on retrouve ici la nécessité de renouveler son désir. Il faut alors se persuader qu'on est dans le monde sans être du monde. La vie spirituelle n'est pas un suicide social. Elle n'aboutit pas à l'écrasement familial, professionnel, de celui qui s'y adonne. On peut fréquenter assidûment des personnes ayant une vie professionnelle réussie et exigeante et apprendre un jour qu'elles sont très engagées dans les voies de Dieu. Mais la vie spirituelle obéit à une autre logique. Elle demande une mutation. Ou plutôt, elle demande *La* grande mutation.

Deux autres attitudes intérieures connexes permettent justement à cette mutation de s'opérer. Elles sont comme l'huile qui donne à tout l'ensemble de fonctionner réellement : ce sont la paix et la joie. De ce qui précède, on aurait pu conclure à une tension insoutenable, ou du moins très pénible, dans la vie de l'homme spirituel. Mais justement, la vraie vie chrétienne demande la résorption des tensions. C'est d'abord le rôle de la paix de l'âme.

La paix de l'âme est quelque chose d'absolument indispensable à tous les stades de la vie spirituelle. Sans elle, celle-ci ne peut se développer. Dieu, en effet, nous l'avons dit, règne dans le silence, le calme et la paix. Ce sont là des caractéristiques de son action. La paix ne doit d'ailleurs pas être conçue de manière trop simple. Elle est, selon le mot de saint Augustin, « la perfection de l'ordre » : *Pax omnium rerum tranquillitas ordinis*. Elle suppose donc que toutes choses sont à leur place, que tout va comme il doit. Cette définition se relie au sens du mot hébreu *Salôm* dont les racines ont le sens de « complet », « intact », « achevé ». D'où une sensation de bien-être, c'est-à-dire : être bien dans son être, être en vérité face à soi-même, face aux autres, et surtout face à Dieu. C'est pourquoi la paix fait l'objet de la septième béatitude : « Heureux les artisans de paix, car ils seront appelés fils de Dieu » (Matthieu 6, 9). Elle est continuellement présente dans l'Ecriture. Le psaume 85, entre autres, dit ainsi :

> « J'écoute ! Que dit Yahvé ?
> Ce que Dieu dit, c'est la paix
> pour son peuple, ses amis...
> Yahvé lui-même donne le bonheur
> et notre terre donne son fruit ;
> Justice marchera devant lui
> et Paix sur la trace de ses pas. »

(Psaume 85, 9, 13-14).

La paix de l'âme est quelque chose de très profond. Elle part du centre de l'être, du cœur, parce qu'elle part de Dieu. Aussi peut-il y avoir des zones périphériques qui ne sont pas dans la paix. La sensibilité peut être agitée, l'intelligence plongée dans le doute. Mais la paix n'en règne pas moins dans le centre de l'âme. Aussi la paix n'est-elle pas liée à l'immobilisme, au non-agir. Elle est au contraire en lien avec l'action pour un ordre bon et juste. Elle peut donc se combiner avec une juste guerre. C'est pourquoi le Christ peut déclarer qu'il n'est pas venu apporter la paix, mais la guerre et souhaiter, en même temps, à ses disciples, à plusieurs reprises, que la paix soit avec eux. D'aucune manière, la paix chrétienne n'est une forme de non-être, d'indifférence, de non-agir.

Dans la paix, Dieu peut parler et faire avancer l'homme en l'attirant à lui : elle est, dit le P. Grou, « le principe de notre avancement. Plus elle devient intime, inébranlable, inaccessible à tout ce qui peut la troubler, plus nous croissons en perfection, en sorte que le comble de cette paix et le comble de la perfection, c'est la même chose ». L'expérience spirituelle montre couramment que, quand quelqu'un franchit une étape, il jouit d'une paix nouvelle, à la fois plus intérieure et plus rayonnante[2]. L'une des meilleures descriptions de cette paix a sans doute été donnée par le P. François Libermann (1802-1852), le fondateur des Pères du Saint-Esprit. Il écrivait en effet, sous le titre : *Etat d'une âme intérieure* :

« Elle est dans un doux repos entre les bras de son bien-aimé.

« Son occupation est de le regarder dans son intérieur, d'écouter paisiblement sa voix, d'être fidèle à ses saintes inspirations.

« Si quelquefois elle ne le fait pas sensiblement, elle le fait tout de même en réalité.

« Elle est calme, paisible, posée, soutenue, réfléchie.

« Elle jouit d'une grande liberté intérieure.

« Sans sortir de la modestie et de l'humilité intérieure, son action est forte et suave, l'humeur égale, la conduite uniforme. »[3]

---

2. En même temps, l'homme paisible diffuse, en quelque sorte, autour de soi, cette paix qui règne en lui. Il devient, même sans parler, un pôle d'attraction. Selon le très beau mot du saint russe Séraphin de Sarov : « Sois en paix avec toi-même, et tu verras des milliers d'autres qui seront sauvés. »

3. *Le petit traité de la vie intérieure du P. Libermann*, Ed. A. Riaud, Paris, 1980, p. 13.

Il faut donc rechercher la paix de tout son cœur. Mais il faut surtout la demander et la recevoir. Car la vraie paix n'est pas conquise par l'être humain. Elle est donnée par Dieu peu à peu. En définitive, elle ne se trouve que dans le Christ. Il dit lui-même : « Je vous laisse ma paix, je vous donne ma paix ; je ne vous la donne pas comme le monde la donne » (Jean 14, 27). Et saint Paul, de son côté, écrit : « ... la paix de Dieu, qui surpasse toute intelligence, prendra sous sa garde vos cœurs et vos pensées dans le Christ Jésus » (Philippiens 4, 7). C'est donc bien le Christ qui est notre paix. Elle ne saurait être trouvée en dehors de lui.

Dans l'agitation du monde actuel, il peut sembler paradoxal, et même provoquant, de tenir un discours sur la paix. Mais, à toutes les époques de l'histoire, la paix a été un paradoxe et un défi. Elle a pourtant été largement réalisée dans la vie de nombreux personnages spirituels. Le meilleur exemple en demeure certainement saint François de Sales, le docteur de la confiance et de la paix, qui écrivait ainsi :

« Toutes les pensées qui nous rendent de l'inquiétude et de l'agitation d'esprit ne sont nullement de Dieu, qui est prince de la paix. Ce sont les tentations de l'ennemi et partant il les faut rejeter et n'en tenir compte.

« Il faut en tout et partout vivre paisiblement. Nous arrive-t-il de la peine, ou intérieure ou extérieure, il la faut recevoir paisiblement. Nous arrive-t-il de la joie, il la faut recevoir paisiblement, sans pour cela tressaillir. Faut-il fuir le mal ? Il faut que ce soit paisiblement, sans nous troubler, car autrement, en fuyant, nous pourrions tomber et donner loisir à l'ennemi de nous tuer. Faut-il faire du bien, il le faut faire paisiblement, autrement nous ferions beaucoup de fautes en nous empressant. »[4]

4. Saint François de Sales, Lettre à Mme Bourgeois, abbesse du Puy d'Orbe, 18 avril 1605, dans *Œuvres complètes*, t. XIII, p. 30-31.

La joie de l'âme est unie à la paix. Il est significatif, du reste, que le meilleur *Traité de la joie de l'âme* ait été écrit par quelqu'un qui avait aussi composé un *Traité de la paix de l'âme chrétienne,* souvent réédité. Il s'agit d'un Capucin français du XVIIIe siècle, Ambroise de Lombez. On a remarqué que les noms des abbayes cisterciennes, où cette spiritualité était beaucoup pratiquée, portent souvent des noms faisant allusion à la paix et à la joie.

La joie est liée à un regard positif sur toutes choses. On peut avoir des difficultés, et même des difficultés graves. Mais cependant, il y a toujours une présence de Dieu au milieu de tous les événements de la vie. Il faut donc les prendre dans une attitude de louange, calme et paisible. Ici aussi, nous nous trouvons devant un véritable paradoxe, mais l'expérience, encore une fois, démontre que la vie dans la joie est possible. Cette joie grandit peu à peu : Dieu, dit saint François de Sales, « répand imperceptiblement au fond du cœur une certaine douce suavité qui témoigne de sa présence ». Elle est liée en effet à la présence de Dieu. Quand le Christ, l'Emmanuel, naît à Bethléem, les bergers sont remplis de joie, le ciel et la terre exultent. Quand l'Esprit saisit le Christ, il tressaille d'allégresse sous sa motion (Luc 10, 21). La joie est ainsi un effet de l'action de l'Esprit, et elle se lie à la croissance de la charité, de l'amour. Sainte Thérèse de l'Enfant Jésus en a donné un témoignage célèbre quand elle a enfin trouvé sa véritable vocation : « Dans l'excès de ma joie, écrit-elle, je me suis écriée : O Jésus..., ma vocation, je l'ai trouvée. Dans le cœur de l'Eglise, ma mère, je serai l'Amour, ainsi je serai tout, ainsi mon rêve sera réalisé. »

La joie chrétienne dépasse donc complètement toutes les joies humaines, même si elle les englobe.

C'est quelque chose de différent, que rien ne peut ravir, que rien ne peut détruire, ni même atteindre. Comme la paix, elle peut subsister au milieu des épreuves et des incertitudes. Elle gît en effet dans le tréfonds de l'homme et elle est moins la joie de l'homme lui-même que la joie de l'Esprit-Saint résidant en lui. Aussi Ambroise de Lombez pouvait-il faire justement l'apologie de la joie chrétienne en montrant son utilité pour la vie spirituelle :

« Oui, elle est utile, et très utile, et il faudrait n'en avoir jamais ressenti l'impression, ni celle du chagrin, et par conséquent être moins un homme qu'un automate, pour ne pas convenir de cette vérité... La joie est utile à la vertu, utile aux affaires, utile à la société, utile à tout bien. Utile à la vertu : sans elle nous ne sommes vertueux qu'avec contrainte et effort. Nous pratiquons nos devoirs, mais sans les goûter... L'homme le plus solidement vertueux, s'il n'a que la vertu, dévore ses amertumes ; mais si sa vertu est accompagnée de la joie, il les convertit en douceur. La vertu surmonte les difficultés, la joie les aplanit. La joie est utile aux affaires. Avec son secours on en supporte sans peine le travail ; on en démêle les difficultés ; on en trouve le nœud ; on découvre avec beaucoup plus de facilité les moyens pour le succès... La joie est utile à la société : elle fait la communication des âmes, le plaisir des compagnies, le lien de l'amitié. Un homme qui, avec des talents et de la vertu, a de la gaieté dans le caractère, est aimable et liant, gagne tous les cœurs, comme l'aimant s'attache toutes les petites parties de fer qu'on en approche ; en se les attachant, il les réunit nécessairement entre eux, malgré leurs défauts et leurs inégalités, comme le ciment qui unit entre elles les pierres les plus brutes, et qui en fait un tout bien lié et bien poli.

« Tant que vous serez dans la joie, votre esprit sera plus fécond et plus saillant, vos idées plus nettes, votre imagination plus vive, votre cœur plus content, votre humeur plus gaie, votre commerce plus agréable, votre santé plus ferme ou moins mauvaise, votre piété plus tendre, votre vertu plus généreuse : vous serez agréable à Dieu et aux hommes et bon à tout. »[5]

5. Ambroise De Lombez, *Traité de la joie de l'âme chrétienne*, Paris, 1914, p. 17-19.

La joie et la paix ne sont pas contradictoires avec l'existence, dans la vie de tout homme spirituel, de la Croix. Il n'y a pas de vie humaine sans une part de souffrance. Mais, dans la vie spirituelle, celle-ci est vécue très différemment. C'est encore là un fait d'expérience courante. La souffrance, si forte soit-elle, n'est plus vécue comme un écrasement, parce qu'elle n'est plus portée seule. C'est une participation à la Croix du Christ, et le Christ lui-même porte comme une part de notre peine. Dès les origines chrétiennes, les martyrs avaient déjà le sentiment que le Christ pâtissait en eux. A un certain moment, dans la vie chrétienne, la perception de la souffrance se renverse donc. On finit par la voir d'une manière, en quelque sorte positive, sans dolorisme ni masochisme. La Croix n'est plus contradictoire avec la joie. « Si dans mon enfance, dit Thérèse de l'Enfant Jésus, j'ai souffert avec tristesse, ce n'est plus ainsi que je souffre maintenant, c'est dans la joie et la paix. Je suis véritablement heureuse de souffrir. » Et, au sujet de l'épreuve, elle écrit : « C'est alors le moment de la joie parfaite pour le pauvre petit être faible. Quel bonheur de rester là quand même, de fixer l'invisible lumière qui se dérobe à ses yeux. » On connaît le texte de saint François d'Assise sur la joie parfaite, qu'il trouvait au milieu des rebuts et des contradictions. Ceux-ci ne parvenaient pas à altérer sa paix et sa gaieté.

Tout ceci serait incompréhensible et scandaleux si l'Esprit de Dieu ne donnait pas un nouveau regard sur le monde, et si l'Esprit de Sagesse ne pénétrait pas l'homme spirituel. Les difficultés, les douleurs, ne sont pas en effet quelque chose d'absurde, même si nous n'en avons pas toujours la clef. Mais nous savons que certaines d'entre elles sont liées à des étapes de la vie spirituelle. Elles constituent des moyens de dépouillement et de progrès. Sur le moment, on souffre beaucoup. Mais après, en voyant les pas que l'on a franchis, on ne voudrait pas ne pas les avoir éprouvées. Ce sont des conditions de croissance et de libération. C'est pourquoi *L'imitation de Jésus-Christ* peut écrire :

> « Il nous est bon d'avoir quelquefois des peines et des traverses, parce que souvent elles rappellent l'homme à son cœur, et lui font sentir qu'il est en exil, et qu'il ne doit mettre son espérance en aucune chose du monde... Tant que nous vivons ici-bas, nous ne pouvons être exempts de tribulations et d'épreuves... Mais quoique importunes et pénibles, elles ne laissent pas d'être souvent très utiles à l'homme parce qu'elles l'humilient, le purifient et l'instruisent.

> « Tous les saints ont passé par beaucoup de tentations et de souffrances, et c'est par cette voie qu'ils ont avancé. »[6]

Mais la souffrance n'a pas seulement un effet de purification personnelle de celui qui la vit. Elle a un second rôle, qui devient plus important avec le temps : elle associe l'homme à la Rédemption. La souffrance acceptée est en effet le plus grand effet de l'amour. C'est l'amour qui va jusqu'au bout. C'est l'amour même du Christ, qui l'a conduit à la Croix. La compréhension par l'intérieur de ce mystère a sauvé et accompli un grand nombre de vies. Des personnes handicapées, à la vie brisée, sans grandes consolations humaines, ont pu vivre une vie réellement belle et épanouissante au sein même de leur souffrance. Des familles ont pu accepter, aimer, et même parfois adopter volontairement des enfants handicapés. Des ordres religieux ont pu se créer avec comme spiritualité centrale la Croix rédemptrice, comme les Passionnistes de

---

6. *L'Imitation de Jésus-Christ,* liv. I, chap. XII et XIII. Il est significatif que *L'Imitation* parle de la souffrance juste après avoir parlé, dans le chapitre précédent (chap. XI), de la paix intérieure.

saint Paul de la Croix. On peut alors parfaitement parler de folie. Ici, le Christianisme atteint un de ses points les plus provoquants et les plus mystérieux : « Le langage de la Croix est en effet folie pour ceux qui se perdent, mais pour ceux qui se sauvent, pour nous, il est puissance de Dieu, écrit saint Paul... Oui, tandis que les Juifs demandent des signes et que les Grecs sont en quête de sagesse, nous prêchons, nous, un Christ crucifié, scandale pour les Juifs et folie pour les païens, mais pour ceux qui sont appelés, Juifs comme Grecs, c'est le Christ, puissance de Dieu et sagesse de Dieu » (1 Corinthiens 1, 18, 23-24).

Il importe bien de souligner ici que la vie spirituelle n'est pas une épreuve de force. La Croix peut être lourde, d'une certaine manière. Mais en fait, elle demeure supportable et elle apparaît légère à celui qui la vit en union avec le Christ. On n'est jamais tenté au-delà de ses forces. A la désolation se mêle toujours la consolation. On l'a vu récemment, dans les circonstances les plus terribles, par l'expérience spirituelle de ceux qui ont traversé l'enfer des camps de concentration. Il suffit de penser ici à un saint Maximilien Kolbe. Actuellement, ce mélange de croix et de consolation se vit dans le mouroir de Mère Theresa, à Calcutta. Aussi peut-on comprendre les paroles du Christ quand il déclare : « Venez à moi, vous tous qui peinez et ployez sous le fardeau, et moi je vous soulagerai. Chargez-vous de mon joug et mettez-vous à mon école, car je suis doux et humble de cœur, et vous trouverez soulagement pour vos âmes. Oui, mon joug est aisé, et mon fardeau léger » (Matthieu 11, 28-30).

Enfin, il est une dernière attitude que nous voudrions signaler : il s'agit de la fidélité. La vie spirituelle se vit dans le temps et, nous le disions déjà, dans le combat. Celui-ci ne se termine qu'à la mort. Il ne faut donc jamais abandonner, bien qu'on en soit tenté. Il existe d'ailleurs une sorte de prix de la fidélité. Le cœur de Dieu se laisse toucher par une humble fidélité, car c'est une marque du plus grand amour. Dom Columba Marmion, un des maîtres

spirituels de notre temps, pouvait ainsi affirmer :
« La fidélité est la plus riche et la plus délicate fleur
de l'amour », et « La fidélité est la seule pierre de
touche du véritable amour. »

La fidélité est possible, non parce que l'homme est
constant, mais bien parce que Dieu lui-même est
fidèle. Dans l'Ancien Testament, la fidélité de Yahvé
à son alliance, en dépit des défections des hommes, est
un des traits dominants de son être. Dans le Nouveau
Testament, le Christ est le Fidèle par excellence. Il
est fidèle à son Père, et il est fidèle aux hommes qu'il
s'est choisis. Aussi notre fidélité est-elle conditionnée
par la sienne. Elle est reliée, en quelque sorte, à la
sienne. C'est ce qui pousse saint Paul à écrire : « C'est
lui qui vous affermira jusqu'au bout, pour que vous
soyez irréprochables au Jour de notre Seigneur Jésus-
Christ. Il est fidèle, le Dieu par qui vous avez été
appelés à la communion de son Fils, Jésus-Christ,
notre Seigneur » (1 Corinthiens 1, 8-9).

III. — Le problème de la vocation

Comme on le voit par tout ce qui précède, l'action
de Dieu dans la vie de l'homme s'étend très loin.
Le P. Saint-Jure, un Jésuite du XVIIᵉ siècle, disait :

> « Non, rien ne se passe dans l'univers que Dieu ne le veuille,
> qu'il ne le permette. Et cela doit s'entendre absolument de toutes
> choses, le péché excepté. Rien — enseignent unanimement les saints
> Pères et les Docteurs de l'Eglise avec saint Augustin — rien
> n'arrive par hasard dans tout le cours de notre vie ; Dieu inter-
> vient partout. »[7]

Si cette intervention de Dieu est générale, elle
touche aussi le choix d'un état de vie. C'est toute la
question de la vocation. Il y aurait ici un véritable

7. *La divine Providence par le Père Saint-Jure et le Bx Claude de La Co-
lombière*, 22ᵉ éd., Paris, 1978, p. 14.

traité à faire. Nous nous contenterons de quelques indications d'ensemble. Chaque homme est connu et aimé personnellement par Dieu : « Avant de te former au ventre maternel, je t'ai connu ; avant que tu sois sorti du sein je t'ai consacré » (Jérémie 1, 5). Cette connaissance s'exprime par le don du nom : « Ne crains pas, car je t'ai racheté ; je t'ai appelé par ton nom, tu es à moi » (Isaïe 43, 1). Chaque homme est donc connu par Dieu dans son destin même, dans son avenir. Dieu lui prépare ainsi, comme un merveilleux cadeau, une existence ordonnée à la sainteté.

Cette existence peut prendre diverses formes. La plus courante est la vocation au mariage. Mais il y a aussi des vocations spécifiques, particulières : au sacerdoce, à la vie consacrée, à l'apostolat missionnaire. Et, quand on est dans sa vocation, on est heureux. On est dans la paix, au sens plénier du mot. Au contraire, refuser sa vocation, c'est s'engager dans des voies où l'on trouve plus difficilement le vrai bonheur.

La question ne doit cependant pas être traitée de manière trop rigide. Il y a en effet une extrême multiplicité de vocations. Pendant longtemps, le terme se liait à l'état religieux ou sacerdotal. Actuellement, on comprend que son sens est infiniment plus large. La vocation se lie aux charismes reçus. La question à poser est donc : étant donné ce que je suis, en quoi puis-je être utile à mes frères ? En quoi puis-je aider à faire croître le Corps du Christ ? La question du célibat ou du mariage est un élément du problème, mais ce n'est pas le seul. Jean Vanier, le fondateur de l'Arche, explique que, dans une de ses maisons, un des membres ne parvenait pas à trouver sa place, ne pouvant faire grand chose. Finalement, cette personne s'aperçut que sa grâce était de nommer, dans la prière, chaque membre de sa communauté. Elle avait trouvé sa vocation, qui résidait dans une grâce d'intercession. En matière de vocation, on va quelquefois chercher très loin ce qui est tout proche. Reste que correspondre à la volonté de Dieu dans sa vie est la source d'un immense bonheur.

IV. — Le discernement

Mais encore faut-il savoir quelle est cette vocation. Cela pose toute la question du discernement. En effet, à partir du moment où Dieu conduit lui-même la vie, il faut savoir reconnaître son action. Il ne faut pas la confondre avec notre propre action, et encore moins avec celle du Malin qui est, selon saint Jean « menteur et père du mensonge » (Jean 8, 44). « Ne vous fiez pas à tout esprit, dit-il, mais éprouvez les esprits pour voir s'ils viennent de Dieu » (1 Jean 4, 1). Ce discernement s'étend, non seulement, au choix de la vocation, mais à toutes les circonstances importantes de la vie. Reconnaître l'action de Dieu est donc l'une des choses les plus essentielles à toute vie spirituelle un peu sérieuse.

Il existe heureusement des critères de discernement. Il y a, si l'on ose dire, une manière d'être de Dieu. L'Esprit de Dieu a sa manière de se comporter, très spécifique. Le Malin, même s'il contrefait Dieu, garde, lui aussi, quelque chose de particulier, qui peut être percé à jour. Saint Paul, très préoccupé du problème, a donné dans ses Épîtres plusieurs catalogues permettant un discernement. Le plus étendu se trouve dans sa lettre aux Galates :

> « Or on sait bien tout ce que produit la chair : fornication, impureté, débauche, idolâtrie, magie, haines, discorde, jalousie, emportements, disputes, dissensions, scissions, sentiments d'envie, orgies, ripailles et choses semblables... Mais le fruit de l'Esprit est charité, joie, paix, longanimité, serviabilité, bonté, confiance dans les autres, douceur, maîtrise de soi. »
>
> (Galates 5, 19-23)[8].

8. Voir aussi, entre autres, les chapitres 6, 7 et 8 de l'Épître aux Romains.

A l'époque moderne, saint Ignace de Loyola a donné, dans ses *Exercices spirituels,* des critères de discernement qui demeurent entièrement actuels. Il insiste sur la nécessité de se mettre en état de liberté intérieure, d'écouter la Parole de Dieu en s'engageant, d'être prêt au changement, sur l'expérience des consolations et désolations et sur la dynamique du choix. A vrai dire, il s'agit là de règles très pratiques, qui gagnent à être vécues. Elles ont accompagné des milliers de Chrétiens, et ont rendu des services inestimables.

D'une manière générale, insistons sur la paix et sur la liberté intérieure comme signes de l'Esprit. Il n'y a pas de discernement possible dans le trouble. Par ailleurs, on discerne rarement bien quand on est seul. Il faut être accompagné spirituellement. D'où l'utilité d'une aide spirituelle. Ce peut être un directeur au sens classique du mot, ou un accompagnateur. Le charisme d'accompagnement est souvent donné à des prêtres, mais il peut très bien aussi être reçu par des laïcs. Ainsi, Bérulle s'est parfois laissé induire en erreur dans le discernement de cas difficiles. Au contraire, Mme Acarie (la Bienheureuse Marie de l'Incarnation Acarie) avait, au dire de M. Duval, son confesseur « le don précieux de discernement des esprits, bons ou mauvais ». Cependant, il est parfois utile de lier discernement et confession. La confession, en effet, libère l'esprit, et lui donne plus de lattitude pour voir clair en lui.

Mais ici, nous sommes dans un secteur éminemment pratique, et aucun discours ne vaut un sérieux entretien avec une personne ayant un bon discernement, fruit d'un don de Dieu et de l'expérience.

Chapitre V

LES ÉTAPES
DE LA VIE SPIRITUELLE

Nous avons dit maintes fois, dans les chapitres qui précèdent que la vie spirituelle se joue sur le temps. Dieu est le maître du temps. Il agit donc avec une pédagogie toute fondée sur l'espérance. En effet, l'homme pécheur est impur dans son fond même. Or, pour l'amener à la sainteté, Dieu veut le purifier progressivement. Le P. Louis Lallemant SJ, très sensible à cette notion de pureté du cœur, la définissait de la sorte :

> « La pureté de cœur consiste à n'avoir rien dans le cœur, qui soit tant soit peu contraire à Dieu et à l'opération de la grâce.
> « Tout ce qu'il y a de créatures au monde, tout l'ordre de la nature et celui de la grâce, toute la conduite de la Providence, tend à ôter de nos âmes ce qui est contraire à Dieu. Car jamais nous n'arriverons à Dieu que nous n'ayons corrigé, retranché, détruit, soit en cette vie, soit en l'autre, tout ce qui est contraire à Dieu. »[1]

Nous avons là l'élément qui explique toutes les étapes de la vie spirituelle. Nous allons les détailler un peu plus maintenant. Il faut cependant savoir ici qu'elles ne sont pas absolument contraignantes. On a

---

1. Louis Lallemant, *Doctrine spirituelle*, Ed. F. Courel, 3e éd., Paris, 1979, p. 139.

tenté, aux XVIᵉ et XVIIᵉ siècles, de tracer des itinéraires très précis et rigides. Mais Dieu s'en joue. Il demeure libre. Il faut donc prendre tout ceci comme des indications générales. Il y a, certes, quelques points de passage bien repérés. Dans l'ensemble cependant, beaucoup d'aventures spirituelles demeurent originales.

I. — La première étape :
la vie purificatrice

Dans le vocabulaire classique, on parle ici de « vie purgative ». Cette expression ancienne et assez inélégante veut désigner les débuts de la vie spirituelle : celle des « commençants ». Il faut bien, en effet, commencer. Dans ce domaine, les débuts sont d'une infinie variété. Certains vivent dans un profond éloignement de Dieu et de toute vie spirituelle. Ou bien ils n'ont pas la foi ou, s'ils l'ont, elle est terne et tiède. Souvent, ils mènent une vie morale assez relâchée. Le sens du péché est en général affaibli, la conscience est extensive. D'autres personnes ont une foi sincère, voudraient bien mener une vie chrétienne authentique mais, par ignorance ou par faiblesse, elles ne parviennent pas à s'y décider. Elles voudraient mais elles ne veulent pas. Entre le « monde » au sens biblique du mot et Dieu, elles n'ont pas choisi. Ou, si elles ont choisi théoriquement, elles n'ont pas choisi pratiquement. Dans cet état, on est très vulnérable aux attaques du démon et à ses propres passions. Au fond, on n'est pas satisfait, mais on ne fait pas non plus ce qu'il faut pour en sortir. Sainte Thérèse d'Avila dit de ces âmes : « Comme elles sont, ici, encore absorbées par le monde, plongées dans leurs plaisirs, grisées d'honneurs et de prétentions, les sens et les facultés, ces vassaux que Dieu leur a donnés, ne sont pas assez forts ; elles sont donc facilement vaincues, malgré leur désir de ne pas offenser Dieu, et les bonnes actions qu'elles font. »[2] L'idéal, pour le diable, est d'empêcher les personnes de se poser la question de Dieu. Si elles la résolvent positivement, il essaie de les faire tomber dans des péchés d'habitude : alcool, sexe, drogue, indélicatesse, etc. Il crée ainsi des liens dont on a du mal à se débarrasser.

Mais enfin, un jour, on « se convertit ». Cette conversion peut être une conversion de l'incroyance à la foi, avec appel immédiat à la vie spirituelle. C'est relativement courant. Ou bien, à l'intérieur de la foi, on comprend qu'il faut faire, comme on dit, « le choix de Dieu ». On ne peut pas demeurer dans un état de tiédeur, de confusion. Il faut mettre chaque chose à sa place, et tout restituer sous le regard de Dieu. Cette « conversion » est comme l'acte fondateur d'une vie spirituelle responsable. Elle peut d'ailleurs avoir lieu à tout âge. Un enfant en âge de raison en est parfaitement capable, même s'il ne sait pas l'exprimer. Un vieillard sur son lit de mort en est également susceptible. Ce sont là des faits d'expérience assez fréquents.

A ce moment-là, Dieu donne ordinairement de grands désirs. Il est très important de les entretenir. Sainte Thérèse d'Avila, qui demeure la meilleure guide dans le parcours que nous décrivons, disait : « Je veux voir Dieu. » Sous une forme ou sous une autre, il s'agit bien de cela. Souvent, l'entourage ne comprend

---

2. Sainte Thérèse d'Avila, *Œuvres complètes, op. cit.*, p. 881. Cette citation est tirée du *Château intérieur* qui demeure probablement, même s'il est forcément incomplet, la meilleure description de l'itinéraire de l'âme vers Dieu. La vie purgative correspond, en gros, aux trois premières demeures du *Château*, la vie illuminative aux trois suivantes, et la vie unitive à la septième (encore que l'on puisse discuter cela).

pas ces désirs, et parfois les combat. Il faut avancer quand même. Du reste, Dieu lui-même se fait alors très attirant, y compris sur le plan sensible. On commence à prier, on est captivé par les lectures spirituelles, les enseignements de la foi, la liturgie. Le grand problème alors est de ne pas demeurer seul. Il y a quantité de conversions parfaitement sincères et authentiques qui ne tiennent pas parce qu'on les vit isolément. Le monde actuel, dans ce domaine, n'est pas porteur mais, à lire les auteurs spirituels, on s'aperçoit qu'il ne l'a jamais été d'une manière vraiment satisfaisante. Il faut trouver des personnes qui comprennent, soutiennent, prient pour celui qui entre ainsi dans la vie spirituelle. D'où l'importance des groupes de spiritualité et entre autres des nombreux groupes de prière de tous types qui se fondent actuellement. D'où l'importance aussi d'un accompagnement spirituel régulier.

Il faut savoir également qu'à cette période de la vie spirituelle, le démon est furieux. Il voit une âme qui va prendre son vol. Il essaie donc de lui faire peur. Il lui suscite de vives inquiétudes intérieures, des critiques et des moqueries extérieures. C'est ici qu'il faut être aidé par d'autres personnes qui ne sont pas dans le trouble, et qui peuvent discerner et encourager. D'une manière générale, quand le démon attaque, c'est qu'il est affaibli. Il préfère toujours travailler à visage couvert. Son gibier habituel, ce sont les aveugles et les tièdes. Quand il fait du bruit, c'est mauvais signe pour lui. Il ne faut donc pas lâcher. Il faut demeurer ferme et persévérant dans la prière. Si l'on tombe, il y a le sacrement de la réconciliation. Surtout, il ne faut pas se décourager : c'est le seul problème. « S'il vous arrive de tomber, dit Thérèse d'Avila, ne vous découragez pas, ne renoncez pas à vous efforcer davantage, Dieu tirera du bien de cette chute même... Quand cela ne suffirait qu'à nous montrer notre misère, le grand tort que nous fait l'éparpillement où nous vivons, nos luttes, dans cette batterie, pour retrouver le recueillement, ce serait beaucoup. »[3]

3. Sainte Thérèse d'Avila, Œuvres complètes, op. cit., p. 889.

Il est essentiel de créer alors une dynamique de la vie spirituelle, d'utiliser positivement le temps. Si l'on donne le temps à Dieu, on est sûr du résultat. Il faut donc mettre en place des habitudes de vie stables et régulières : temps de prière, assistance aux offices, temps de lecture, à commencer par la lecture de la Parole de Dieu, confession à intervalles réguliers, temps de rencontre avec d'autres. Jusque-là, le temps travaillait contre soi. Il faut renverser le rythme du temps. Quand on a pris ces habitudes, il faut s'y tenir, les évaluer et contrôler régulièrement. Peu à peu, les activités de la vie sont ainsi pénétrées par Dieu, et converties tour à tour. On ne vit plus seulement *pour* Dieu, mais on vit peu à peu *avec* Dieu. Tous les jours, même si l'on ne s'en rend bien compte, Dieu avance un peu dans l'âme. Quand, au bout de quelques mois, on fait une évaluation, on est tout surpris du chemin qu'on a parcouru jour après jour. A noter que, si l'on passe par la Vierge Marie dans la prière, on va toujours plus vite.

Un autre élément très important est à prendre en compte : il ne faut pas se canoniser à l'avance. Parce qu'on est converti, qu'on prie, qu'on a un grand désir de Dieu, on croit facilement que tout est arrivé. En fait, on garde en soi bien des imperfections, et des zones plus ou moins conscientes ne sont pas encore pénétrées par la grâce transformante de Dieu. Si on jouit alors de soi-même, si l'on se regarde trop, si l'on s'observe de trop près et trop souvent, on n'ira pas plus loin. Il faut toujours se croire faible, pécheur (sans dolorisme excessif, car c'est une autre manière de se retourner vers soi), et avoir continuellement le désir de la conversion. Pour sortir de soi, il n'y a rien de tel que l'humilité, l'obéissance (qu'on peut pratiquer de multiples façons), et le service des frères.

En outre, la louange de Dieu place dans un état de décentrement de soi-même à la fois profond et facile. La louange donne aussi la joie qui est si importante à tous les stades de la vie spirituelle. Cette joie ne doit pas être confondue avec les contentements et les plaisirs spirituels. C'est plus profond, plus vrai et plus stable.

II. — **La vie « illuminative »**

Jusque-là, la vie spirituelle a été extrêmement active. Bien sûr, dans le fond de l'être, c'est toujours Dieu qui agit mais, au niveau conscient, l'homme travaille beaucoup. Il combine ses facultés naturelles avec l'action de la grâce. Il y a donc une bonne part d'énergie, voire de volontarisme, de lutte, de construction de soi-même. C'est le temps où on établit ce que la théologie classique nomme l'édifice des vertus.

A un certain moment, cependant, la situation va se retourner complètement. Dieu va prendre d'une manière directe et évidente la direction des opérations. Alors qu'on dirigeait — même si l'on allait dans une direction fixée par un autre — on va désormais être mené. On va entrer sous le régime des dons du Saint-Esprit, et sous la conduite de l'Esprit lui-même. Il n'y aura plus rien de vraiment programmable : on pénètre dans le régime de l'inattendu constant. Mais, dans le même temps, comme Dieu est plus libre, il se donne aussi plus fortement. On entre alors vraiment dans la contemplation et, parfois sans le savoir, on pénètre dans la zone de la vie mystique. Il faut cependant bien redire ici que contemplation et vie mystique ne signifient pas nécessairement phénomènes absolument extraordinaires. Ceux-ci sont une simple émergence de quelque chose de plus intérieur.

L'entrée dans la voie illuminative marque une étape essentielle de la vie spirituelle. Un véritable pas est franchi brusquement. C'est une sorte de rupture et de continuité à la fois. On pénètre dans un monde très différent. On dit parfois qu'il y faut comme une « seconde conversion », et il y a du vrai en cela. Quelqu'un qui n'a pas franchi ce pas ne peut pas réellement parler de ce qui va suivre, et *a fortiori* le comprendre. Il va se trouver devant un univers qu'il n'a pas exploré. Le passage de la vie purificatrice à la vie « illuminative » dépend entièrement de la volonté de Dieu. On peut s'y préparer, mais rien d'humain ne peut le provoquer. Parfois, on reste des années dans la première voie. Parfois, en quelques mois, on aboutit à la seconde. Cela est fonction de la générosité de l'âme, de la profondeur de son don, de son non-retournement vers soi, et aussi des plans de Dieu sur elle. C'est là quelque chose de très mystérieux.

Souvent, cette entrée dans la voie illuminative est liée à une « rencontre personnelle avec Jésus », pour utiliser le vocabulaire actuel. On peut demander cette rencontre et prier pour cela. A un certain moment, Dieu se fait plus proche. Ou plutôt Dieu se dévoile en Jésus-Christ. Jésus apparaît comme un être tout à fait personnel, non pas aux yeux de la chair, mais à ceux de l'esprit. C'est comme si Jésus écartait une tenture derrière laquelle il se dissimulait jusqu'alors. Sa présence envahit alors absolument toute la vie. L'amour fait un bond extraordinaire. On a tout près de soi quelqu'un à aimer. Cet amour se double d'une abondante paix, qui touche le fond du cœur, et d'une joie indescriptible. Du coup, la prière change complètement. On devient incapable de prier par le raisonnement. L'âme est attirée au-dedans d'elle-même, au-delà des mots. Il y a une union toute simple de l'âme avec Dieu. Même s'il y a, dans la prière, des distractions et des combats — ils ne manquent jamais — on se rend compte d'une unité toute intime. On appelle ce type de prière « oraison de quiétude ». Toute la vie spirituelle en est simplifiée, recentrée sur l'essentiel. Dieu est beaucoup plus à l'aise pour agir. L'âme se libère, se dilate, ses peurs diminuent, il se produit peu à peu beaucoup de guérisons intérieures. On est en même temps rendu plus disponible pour le service des autres, et l'Esprit-Saint donne plus facilement les charismes de tous types pour la construction de son Eglise.

On est loin cependant d'être entièrement converti. Le danger de profiter de la situation pour sa satisfaction personnelle existe toujours. Aussi, dans cette étape de la vie spirituelle, se produit en général ce qu'on appelle « la nuit des sens ». Il semble que personne n'y échappe. En effet, chaque homme doit se construire intérieurement. Dans la première étape de la vie spirituelle, on s'y est fortement appliqué. On vit donc sur un ensemble de certitudes humaines, de structures, de relations, qui nous fondent. C'est comme une maison qui serait bâtie sur des pilotis, laborieusement érigés. Or, il faut absolument tout remettre à Dieu. Et, comme l'homme ne peut pas vraiment le faire de lui-même, il faut que Dieu s'en empare. A un certain moment, toutes ces certitudes disparaissent : c'est comme si les pilotis de la maison étaient tous enlevés. En général, les choses se passent à travers des événements de la vie qu'il faut savoir décrypter. Pour un homme qui a mis toute son assurance dans son travail, ce sera un brusque et humiliant chômage. Pour un autre ce sera une épreuve de santé, un deuil, des problèmes de relation, etc. Saint Jean de la Croix a très bien décrit ce qui se passe alors. On ne se reconnaît plus. Il semble que rien ne réussisse plus. On a le sentiment d'un échec, parfois d'une fin, d'une mort. On ne tient plus rien dans ses mains. La prière elle-même paraît atteinte. Jusque-là, on pouvait l'organiser. Maintenant, elle semble fuir. On ne peut plus réfléchir, penser, programmer son oraison. La vie paraît devenir incompréhensible. On s'est converti, on a rencontré personnellement Jésus, et voilà que tout semble se brouiller.

En fait, c'est simplement l'Esprit-Saint qui agit. Tout cela est bon. Il ne reste à l'homme qu'à se précipiter dans les bras de Dieu, à s'en remettre à lui de tout son avenir, et à avancer heure par heure. Quelquefois, on n'a même pas le sentiment de pouvoir arriver à l'heure suivante. Il faut s'abandonner très simplement et filialement. On n'est jamais tenté et éprouvé au-delà de ses forces. Dieu sait s'arrêter à temps, envoyer les ballons d'oxygène nécessaires. Mais, plus on consent, plus on s'abandonne, plus on abrège l'épreuve. De nouveau, la Vierge Marie est une puissante compagne pour aller plus rapidement. Quand tout est purifié, quand les sens sont remis à leur vraie place, dans leur vérité, on débouche dans une lumière nouvelle que le monde ne peut absolument pas connaître. Alors, on ne voudrait pour rien au monde n'avoir pas connu cette nuit. Tout est complètement nouveau. On est surtout plus disponible à l'Esprit-Saint, qui peut alors faire de grandes choses en soi.

Il peut arriver que la Nuit des Sens soit incomplète. Elle peut ainsi revenir plus tard. Elle est toujours modulée selon la personne. Parfois, elle est courte et violente. Elle dure quelques mois. Parfois, elle est moins forte, mais dure plus longtemps. Parfois, elle est constituée de plusieurs nuits qui se succèdent. Parfois, tout est purifié en même temps. Il n'y a pas autre chose à faire que de garder la paix du cœur et de s'abandonner. C'est là la grande période de l'école de l'abandon. Dans la première partie de la vie spirituelle, l'abandon était facile : on faisait tout soi-même, et les choses réussissaient. Maintenant, il faut avancer comme Abraham dans le désert, sans trop savoir où l'on va. Mais qu'importe, puisque Dieu le sait ?

Dans cet état spirituel, le regard de l'âme est fixé sur Jésus d'une manière extraordinairement forte. On parvient à la présence continuelle de Dieu, à une sorte de prière de l'âme qui ne s'interrompt pas et qui, peu à peu, demeurera même durant la nuit. On appelle cela la contemplation. Un texte de Bossuet explique parfaitement ce qui se passe alors :

> Il faut s'accoutumer à nourrir son âme d'un simple et amoureux regard en Dieu et en Jésus-Christ Notre Seigneur et pour cet effet il faut la séparer doucement du raisonnement, du discours et de la multitude d'affections pour la tenir en simplicité, respect et attention... »[4]

Cela ne signifie pas qu'il faut abandonner toutes les formes de prière antérieures. Il faut ici discerner avec bon sens et en demandant conseil. Mais tout est vécu autrement. C'est maintenant Dieu qui travaille. On ne prie plus seulement *avec* Dieu, mais désormais *en* Dieu : « Il ne faut pas se multiplier à produire plusieurs actes ou dispositions différentes, mais demeurer simplement attentif à cette présence de Dieu, dit encore le texte que nous citions à l'instant... Tant moins la créature travaille, tant plus Dieu opère puissamment. » Cependant, quelquefois, Dieu fait revenir à la méditation. On n'est plus « mu » par lui. On retombe sur soi. Il faut reprendre alors simplement et courageusement sa prière antérieure, repenser à l'humanité du Christ, méditer sur les mystères, jusqu'à ce qu'une prière plus simple et plus spirituelle soit de nouveau donnée.

---

4. Bossuet, *Méthode pour passer la journée dans l'oraison, en esprit de foi et simplicité devant Dieu.* Cet opuscule a été cité par le P. de Caussade dans son *Instruction spirituelle sur les divers états d'oraison*, Paris, 1741, en en modifiant le titre : *Manière courte et facile pour faire l'oraison en foi, et de simple présence de Dieu.*

III. — La vie « unitive »

Dieu veut aller jusqu'au bout avec l'homme. Il veut l'amener à l'union avec lui, déjà sur cette terre. L'éternité est déjà commencée. Il faut donc vouloir et consentir à ce désir de Dieu. Aussi la vie spirituelle débouche, tôt ou tard, si l'on est fidèle, dans la « vie unitive », c'est-à-dire dans une union constante avec Dieu. Il occupe alors tout l'être. Toutes les parties de la personne humaine sont converties, pleines de l'Esprit-Saint. Dieu est alors absolument libre dans toutes les parties de l'âme, de l'intelligence et du corps. Il est devenu réellement, et dans toute l'extension du terme, le maître des lieux. La présence de Dieu est constante, à partir du centre de l'âme, et vers la périphérie. L'état de l'homme « est une union habituelle par laquelle les principales puissances de l'âme demeurent constamment unies à Dieu en tout temps, en tout lieu, dans le tracas des occupations extérieures et dans les affaires les plus empressées, sans qu'on soit ni plus abstrait, ni moins capable d'agir au-dehors »[5]. On est alors tout en Dieu, mais on peut l'être d'une manière très discrète. On peut vivre avec des personnes qui sont dans cet état sans s'en douter le moins du monde. Dieu étant tout simple, la personne est toute simplifiée. Si Dieu veut l'utiliser pour des grandes tâches apparentes, il peut le faire librement. S'il veut la laisser dans une apparente oisiveté ou méconnaissance, il peut le faire de même. Sainte Thérèse d'Avila a ainsi été très connue de son vivant, et estimée comme une grande mystique, alors qu'une autre Carmélite comme Thérèse de l'Enfant Jésus était inconnue dans son propre monas-

5. L. Lallemant, *op. cit.*, p. 363.

tère, au point qu'on se demandait ce qu'on pourrait écrire d'elle après sa mort.

Cette union intime avec Dieu s'accompagne d'une paix encore plus profonde que dans les états antérieurs. La paix est aussi plus assurée, plus loin des combats précédents. On est plus à l'aise avec soi-même. On est plus libre avec Dieu en ce sens qu'on sait qu'il ne refuse plus rien : « Quand Dieu fait la grâce à une âme de l'élever au dernier degré de la contemplation, il ne lui refuse plus rien, elle obtient ordinairement tout ce qu'elle demande... Une âme qui est arrivée à ce point de perfection peut, elle seule, soutenir par ses prières et son crédit auprès de Dieu toute une religion, tout un royaume. »[6] C'est la raison pour laquelle on a toujours attaché une telle importance aux monastères de contemplatifs et de contemplatives. On se trouve alors devant Dieu avec une pureté profonde. On est comme sorti du cauchemard du péché. « Mon âme, dit sainte Thérèse d'Avila, habite comme dans une forteresse où elle règne en souveraine et sa paix n'est point troublée. » On ne craint plus du tout le diable, qui est vaincu à chaque fois qu'il essaie d'agir. Parfois, on parle alors de fiançailles spirituelles et de mariage spirituel. Chez certains saints, ces fiançailles et ce mariage ont pris une forme visible pour eux, identifiable. Pour d'autres spirituels, c'est peut-être moins net.

Pour en arriver là, cependant, il a fallu consentir à une seconde nuit, la nuit de l'esprit. Comme l'homme met sa certitude dans des objets matériels qu'il a fallu dépouiller, de même il met sa certitude dans des états spirituels. Or, ce qui compte, ce ne sont pas les dons de Dieu, mais Dieu lui-même. Les dons de Dieu, à

6. L. Lallemant, *op. cit.*, p. 362.

un certain moment, sont ainsi comme retirés. Il reste seulement Dieu en face de soi, que l'on aborde au-delà du sentiment. Parfois, la nuit de l'esprit prend la forme d'une sorte de crise de la foi. On a toujours la foi, mais on n'en a plus le sentiment. Il faut s'accrocher et avancer quand même, sans comprendre. C'est quelque chose d'extrêmement douloureux, qui atteint comme la jointure de l'âme. « Mon Dieu, mon Dieu, pourquoi m'as-tu abandonné ? » peut-on dire parfois (Marc 15, 34). La nuit de l'esprit peut être très typée, très évidente, comme on la voit décrite chez saint Jean de la Croix. Mais elle peut être plus longue et plus subtile. Il y a alors un dépouillement progressif dans le jeu de la foi. On peut de la sorte vivre une certaine nuit de l'esprit sans s'en rendre compte. Mais, pourvu que Dieu, lui, le sache, c'est bien l'essentiel.

Dans cet état spirituel, les relations de l'âme avec Dieu sont extrêmement tendres. Le Cantique des Cantiques, seul, peut en rendre compte d'une certaine manière :

> « Pose-moi comme un sceau sur ton cœur,
> comme un sceau sur ton bras.
> Car l'amour est fort comme la mort,
> la jalousie inflexible comme le Schéol.
> Ses traits sont des traits de feu,
> une flamme de Yahvé.
> Les grandes eaux ne pourront éteindre l'amour
> ni les fleuves le submerger. »

(Cantique des Cantiques 8, 5-7).

IV. — Les faits extraordinaires de la vie spirituelle

C'est toute la vie spirituelle qui est extraordinaire, si l'on y réfléchit un peu. Du début à la fin, de la conversion à l'union avec Dieu, dans son mode et dans ses étapes, elle constitue quelque chose de radicalement différent de la vie humaine normale, même si elle l'utilise et ne s'y oppose pas toujours forcément. Cependant, à l'intérieur même de la vie spirituelle, il y a des états ou des faits plus extraordinaires. Il faut bien souligner ici qu'ils ne constituent pas l'essence même de la vie spirituelle. Celle-ci peut se vivre avec une grande simplicité, sans faits véritablement mystiques. On l'a beaucoup mieux compris au XXe siècle grâce à sainte Thérèse de l'Enfant Jésus et à sa « petite voie », qui est tout simplement la vie spirituelle la plus habituelle et la plus normale. Tout le monde n'est pas Catherine de Sienne ou saint Paul de la Croix. Malgré cela, les faits extraordinaires adviennent, et autant au XXe siècle que dans les époques précédentes. On ne peut nier la présence et la persistance dans l'Eglise d'un courant « mystique » au sens fort et restrictif du mot, qui s'exprime avec force. On pourrait citer quantité d'exemples récents, français ou étrangers.

Face à ces phénomènes, deux attitudes sont également dangereuses. La première est de s'y attacher à l'excès et de voir toute la vie spirituelle à travers ces manifestations. La seconde est de les nier. Elle est aussi dangereuse, car elle aboutit, en théorie et en pratique, à des incompréhensions graves. Quand cette attitude est celle d'un accompagnateur spirituel, elle peut être désastreuse pour les personnes dont il s'occupe. Sainte Thérèse d'Avila a elle-même beaucoup souffert de directeurs qui ne la comprenaient pas et qui lui ont, disait-elle, fait perdre des années. La vie spirituelle n'est pas la vie morale. Chacune a ses lois, et il faut les connaître.

Parmi ces phénomènes spirituels, certains sont relativement fréquents : il s'agit des charismes. A l'heure actuelle, ils sont très répandus dans le courant du Renouveau charismatique mais, sans être aussi vivants, ils ont toujours existé dans l'Eglise. Le P. Garrigou-Lagrange, un auteur à la fois très connu et très classique, leur consacrait une place dans ses écrits spirituels, avant la seconde guerre mondiale. Certains charismes sont très généralement diffusés dans les groupes de prière : charisme de texte (on ouvre la Bible au hasard et on « reconnaît » un texte qui s'applique à la situation présente), de chant en langue, de prophétie (parole donnée au nom du Seigneur pour l'assemblée). D'autres sont plus rares et plus impressionnants comme le charisme de guérison ou celui de parole de science (quelqu'un annonce dans l'assemblée qu'un participant à la rencontre est guéri de ceci ou de cela, ou converti dans telle ou telle condition, parfois avec des détails très précis et connus du seul intéressé). Tous ces charismes doivent être discernés dans leur exercice. La tradition de l'Eglise en matière de discernement est ici d'une aide précieuse, et aussi le bon sens et l'expérience de la vie. Le discernement des esprits est d'ailleurs aussi un charisme particulier.

Les paroles intérieures constituent tout un univers. Il s'agit de paroles venues de l'extérieur, qui atteignent quelqu'un dans le secret de sa conscience, et l'enseignent ou le préviennent sur tel ou tel point. Il y en a de vraiment évidentes. D'autres sont moins nettes : elles se situent à la limite d'une réflexion personnelle et d'une intervention de Dieu. C'est encore ici un domaine dans lequel l'Eglise a une sérieuse expérience. Contrairement à ce qu'on pourrait penser, c'est assez fréquent, même si la discrétion ou une pudeur excessive empêchent d'en parler. Il en est de même des songes qui jouent un grand rôle dans la Bible et qui n'ont pas disparu. Encore aujourd'hui, des conversions très solides ou des vocations éprouvées se sont décidées sur des songes. Ici aussi, c'est l'expérience, le bon sens et les fruits, qui sont les juges.

Les images intérieures sont un phénomène qui existe également avec une certaine fréquence. Les visions, qui semblent être quelque chose de plus puissant, sont plus rares. Elles peuvent être corporelles (on voit des yeux du corps), ou imaginatives, encore qu'il faudrait ici préciser. Les visions s'accompagnent parfois de révélations. C'est le cas des grandes apparitions mariales des XIXᵉ-XXᵉ siècles (la rue du Bac à Paris, La Salette, Lourdes, Pontmain, Pellevoisin, en France ; Beauraing et Banneux en Belgique, Fatima au Portugal). Les images, les visions et les révélations peuvent être données pour la personne qui les reçoit, ou pour un public plus large.

Moins fréquentes sont sans doute les extases, du moins par rapport aux images intérieures. Une extase se produit quand Dieu attire vivement à lui une personne. Celle-ci est comme saisie par l'amour et la présence divine. Parfois, elle ne peut pratiquement plus bouger. C'est ici tout un monde. A certaines extases, on peut résister. Pour d'autres (on parle alors de « rapt »), il est pratiquement impossible de se défendre. Ce ne sont pas des phénomènes courants dans une vie spirituelle ordinaire, mais on les rencontre fréquemment dans la vie des saints canonisés. Les extases de saint François d'Assise, celles de saint Philippe Néri, et la manière dont il tentait de s'y soustraire, sont célèbres.

Enfin, il y a des phénomènes plus rares et plus extraordinaires. Là aussi, la variété est grande : lévitation, stigmatisation (on en connaît plus de 200 cas dans l'Eglise catholique, de saint François d'Assise à aujourd'hui), phénomènes lumineux, odoriférants, etc. Le don des miracles est une sorte de charisme, qui peut être pratiqué parfois avec une grande puissance. Des personnages comme saint Vincent Ferrier ou, au XIXᵉ siècle, saint Jean Bosco († 1888), ont été ainsi de grands thaumaturges. La pénétration des consciences, dont le curé d'Ars était doué, est également une sorte de charisme. C'est une chose qui se produit parfois dans la confession, aujourd'hui encore.

On ne peut pas étudier la vie spirituelle sans tenir compte de ces faits inhabituels. Certains personnages ont été conduits, même d'une manière quotidienne, par ces voies. Un cas entre mille est celui de la Mère Agnès de Langeac, une Dominicaine cloîtrée du XVII° siècle français. Des études récentes sur son itinéraire intérieur ont montré qu'on ne pouvait absolument pas faire acception, dans son étude, de ces phénomènes extraordinaires. Ces faits sont comme un signe prophétique, une manifestation d'un Dieu absolument libre, qui échappe à tout concept et à tout enfermement humain dans des itinéraires qui seraient les nôtres, et non les siens. Ils ont donc un statut, une fonction spirituelle et ecclésiale, hors de laquelle on ne peut les comprendre.

V. — La mort

Une étude de la vie spirituelle doit s'achever par quelques mots sur la mort chrétienne. En effet, la mort est la porte pour la rencontre avec Dieu, elle est le passage pour l'éternité. Et la seule chose dont l'homme soit sûr, c'est précisément qu'il mourra.

L'homme spirituel aborde la mort dans une perspective particulière. Il s'y est préparé. Il a pu souffrir dans sa vie, mais il sait qu'il atteint maintenant la fin de son pèlerinage. « Le plaisir de mourir sans peine vaut bien la peine de vivre sans plaisir », disait (d'une manière quelque peu forcée) une ancienne devise de la Trappe. La mort est « la porte ouverte sur le jardin », l'instant où l'épouse et l'époux, se voyant face à face, communieront dans un éternel baiser d'amour. C'est aussi un des instants où la délicatesse de Dieu est la plus grande. Il existe une mort du juste. Celle-ci est à la fois un abandon plus amoureux que jamais entre les mains du Seigneur et, de son côté, une prise plus forte et plus délicate que jamais.

C'est pourquoi les récits de morts « édifiantes » (au bon sens du mot) occupent une telle place dans la littérature spirituelle.

Ce n'est pas à dire qu'on meure toujours en douceur. La mort et ce qui la précède sont le temps des derniers dépouillements, des dernières participations à la Croix rédemptrice du Christ. C'est bien connu dans le cas des martyrs, mais un mourant chrétien qui accepte et offre sa mort est toujours, d'une certaine manière, un martyr. Il reste une part d'inattendu, qui peut être grande. Nombreux sont les exemples de ceux qui meurent au jour et de la manière qu'ils avaient demandée. D'autres sont comme surpris en plein vol. Certains meurent dans l'allégresse — qui est plus que la joie. D'autres connaissent des derniers moments pénibles, avant la grande pacification des ultimes instants. Mais le monde invisible est là, qui attend. Et, bien souvent, la Vierge Marie, Mère de la Bonne Mort, vient aider celui qui va passer. Aussi, pour celui qui s'est adonné à la vie spirituelle, la mort est loin d'être une fracture ou un échec. Dans une douleur réelle, elle est un épanouissement, et surtout un point de départ.

Nous voudrions citer à ce propos deux textes très beaux sur la maladie et sur la mort. Le premier est bien connu : il est dû à la plume de Pascal :

« Faites donc, Seigneur, que tel que je sois, je me conforme à votre volonté... Et parce que rien n'est agréable à Dieu s'il ne lui est offert par vous, unissez ma volonté à la vôtre, et mes douleurs à celles que vous avez souffertes. Faites que les miennes deviennent les vôtres. Unissez-moi à vous : remplissez-moi de vous et de votre Esprit-Saint. Entrez dans mon cœur et dans mon âme, pour y porter mes souffrances, et pour continuer d'endurer en moi ce qui vous reste à souffrir de votre Passion, que vous achevez dans vos membres jusqu'à la consommation parfaite de votre Corps ; afin qu'étant plein de vous, ce ne soit plus moi qui vive et qui souffre, mais que ce soit vous qui viviez et qui souffriez en moi, ô mon Sauveur ! et qu'ainsi, ayant quelque petite part à vos souffrance, vous me remplissiez entièrement de la gloire qu'elles vous ont acquise, dans laquelle vous vivez avec le Père et le Saint-Esprit, par tous les siècles des siècles. Ainsi soit-il. »[7]

Le second, moins connu, est de Bossuet. A la fin de la *Préparation à la mort,* qu'il avait écrite, il concerne le moment de la rencontre de l'âme avec son Dieu :

« O moment heureux ! où nous sortirons des ombres et des énigmes pour voir la vérité manifestée ! courons-y avec ardeur. Hâtons-nous de purifier notre cœur, afin de voir Dieu selon la promesse de l'Evangile. Ç'a été le temps du voyage : « Là finissent les gémissements » (Apocalypse 21, 4), là s'achèvent les travaux de la foi, quand elle va pour ainsi dire enfanter la claire-vue. Heureux moment, encore une fois ! Qui ne le désire pas, n'est pas chrétien. »[8]

---

7. Pascal, *Prière pour demander à Dieu le bon usage des maladies,* XV.
8. Bossuet, *La préparation à la mort,* huitième prière.

CONCLUSION

Le monde de la vie spirituelle est un univers extrêmement complexe et diversifié : nous espérons l'avoir au moins suggéré. S'il a, par certains côtés, une unité fondamentale sur laquelle il faut absolument insister : unité qui vient de Dieu lui-même en tant qu'objet, but et moyen de son accomplissement, il a par ailleurs une grande variété. En effet, Dieu est à la fois un être infini et absolument libre. L'homme, par contre, demeure limité. Dieu peut donc se révéler à l'un d'une manière, et à l'autre d'une manière assez différente, l'unité, encore une fois, demeurant. Ce fait a été observé depuis bien longtemps dans l'Eglise, et il a fondé le pluralisme de ce qu'on nomme les Ecoles de Spiritualité. On a parfois trop insisté sur leurs particularismes. Reste cependant que leur existence n'est pas niable. La vie spirituelle d'un Franciscain est différente, à certains égards, de celle d'un Dominicain, et celle d'un laïc « engagé » du XXᵉ siècle n'est pas absolument celle d'un moine Chartreux son contemporain. Chacune reflète, à sa manière, des traits différents du visage du Christ. Certaines sont plus globales et synthétiques, comme la Spiritualité du Cœur du Christ, qui a été proposée maintes fois à tous les Chrétiens, d'autres sont plus attachées à tel ou tel mystère du Christ : son enfance, sa Passion, son amour pour les hommes, etc. On n'avait pas ici la place d'en traiter, mais c'est cependant un élément important à prendre en compte dans un itinéraire personnel.

Le terme de cet itinéraire avait été fort bien décrit par un Bénédictin anglais du XVIIe siècle, Dom Augustin Baker :

« Si Dieu, par notre prière, nous donne la grâce et le courage de marcher *de virtute in virtutem,* d'étape en étape sur la route indiquée, nous arriverons sans aucune doute, tôt ou tard, au sommet de la montagne où l'on voit Dieu. Cette montagne, pour nous qui nous tenons au pied, est environnée de nuages et d'obscurité, mais pour les âmes qui y ont fixé leur demeure, elle est paix, sérénité, lumière. C'est un ciel intellectuel, où il n'y a ni soleil ni lune, mais Dieu et l'Agneau sont sa lumière. »[1]

1. Dom Augustin Baker, *La sainte Sapience ou les voies de la prière contemplative,* édit. franç., Paris, 1954-1956, t. II, p. 222.

BIBLIOGRAPHIE

La bibliographie sur la Spiritualité est immense. Pour pénétrer dans ce monde, rien ne remplace la lecture des grands classiques et leur méditation : *L'Imitation de Jésus-Christ*, *Le Combat spirituel*, les *Exercices spirituels* de saint Ignace de Loyola, les œuvres de sainte Thérèse d'Avila et saint Jean de la Croix, l'*Introduction à la vie dévôte* et le *Traité de l'Amour de Dieu* de saint François de Sales, même si l'on est parfois gêné par le style, l'*Histoire d'une âme* de sainte Thérèse de l'Enfant Jésus, etc. Les biographies spirituelles, anciennes et récentes, constituent aussi une introduction indispensable.

Sur le plan purement scientifique, la fréquentation du *Dictionnaire de Spiritualité* est indispensable (13 vol. parus). Il contient une somme d'informations sans équivalent. De même il faut consulter la *Revue d'Ascétique et de Mystique* (devenue en 1972 *Revue d'histoire de la Spiritualité*), qui a paru de 1920 à 1977, *La Vie spirituelle* (qui paraît depuis 1919), et les chroniques de spiritualité de la *Nouvelle Revue théologique* (qui paraît en Belgique).

Dans un domaine plus pratique et d'utilisation plus directe, on peut consulter les dictionnaires suivants :

Nuovo Dizionario enciclopedico di Spiritualità, Rome, Ed. Studium, 1975, 2 vol., et *Dictionnaire de la vie spirituelle*, 1re édit. franç., Paris, Le Cerf, 1983 (trad. de l'italien).

Ainsi que les ouvrages suivants :

Jean Daujat, *La vie surnaturelle*, 1re édit., Paris, La Colombe, 1950.

Edith Stein, *La science de la Croix. Passion d'amour de saint Jean de la Croix*, Louvain, E. Nauwelaerts ; Paris, Béatrice Nauwelaerts, 1957.

Louis Bouyer, *Introduction à la vie spirituelle*, Paris, Desclée & Cie, 1960.

Henri Caffarel, *Présence à Dieu. Cent lettres sur la prière*, Paris, Ed. Feu Nouveau, 1971.

Marie-Eugène de l'Enfant-Jésus, *Je veux voir Dieu. Je suis fille de l'Eglise*, Ed. du Carmel, 1979.

Henri Caffarel, *Cinq soirées sur la prière intérieure*, Paris, Ed. Feu Nouveau, 1980.

Marc Trémeau, *Eléments de spiritualité chrétienne*, Chambray-lès-Tours, Ed. CLD, 1982.

Louis Lallemant, *La voie de l'Esprit*, Paris, Albin-Michel, 1982.

Charles-André Bernard, *Teologia spirituale*, Rome, Edizioni Paoline, 1983.

Philippe Ferlay, *Abrégé de la vie spirituelle*, Paris, Desclée, 1988.

Sur le point plus particulier de l'expérience mystique, on peut voir :

La mystique et les mystiques, sous la direction d'André Ravier, Préface d'Henri de Lubac, Paris, DDB, 1965.

La Mistica. Fenomenologia e riflessione teologica, sous la direction d'E. Ancilli et M. Paparozzi, Rome, Città Nuova, 1984, 2 vol.

Pour l'histoire de la Spiritualité, on peut consulter l'ouvrage ancien, mais encore utile pour un premier contact, de P. Pourrat, *La spiritualité chrétienne,* 1re édit., Paris, Gabalda, 1917-1928, et l'*Histoire de la Spiritualité chrétienne,* sous la direction de Louis Bouyer, Paris, Aubier-Montaigne, 4 vol. parus de 1960 à 1966.

TABLE DES MATIÈRES

Imprimé en France
Imprimerie des Presses Universitaires de France
73, avenue Ronsard, 41100 Vendôme
Janvier 1994 — N° 39 910